AF336743

CODE DES MANDATS

TERRITORIAUX.

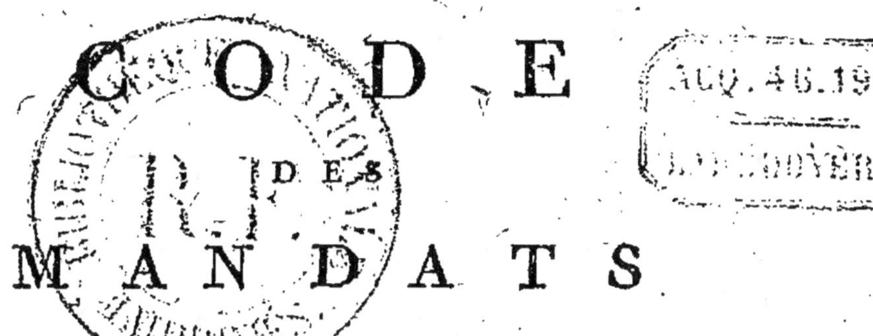

A PARIS,

De l'Imprimerie des FRÈRES UNIS, rue des Orties, du Louvre, Nº. 319.

An IV DE LA RÉPUBLIQUE FRANÇAISE.

TABLE
DU CODE
DES MANDATS.

CODE

DES
MANDATS TERRITORIAUX.

Au nom de la République Franç.

LOI portant création de deux milliards 400 millions de mandats territoriaux.

Du 28 ventôse, an 4e. de la Rép. Franç.

LE Conseil des Anciens, adoptant les motifs de la déclaration d'urgence qui précède la résolution ci-après, approuve l'acte d'urgence.

Suit la teneur de la Déclaration d'urgence et de la Résolution du 26 ventose.

Le Conseil des Cinq-Cents, considérant que dans toutes les parties de la Répu-

A 2

blique, l'industrie et le commerce sont entravés par le défaut de confiance dans le principal signe d'échange ; que le discrédit des assignats a rompu tout rapport entre les obligations particulières et les moyens de se libérer ; qu'il en est résulté dans l'acquit des contributions, dans le paiement des loyers et fermages, et dans toutes les transactions, un embarras nuisible à tous les intérêts ;

Considérant que la dépréciation des assignats prend sa source dans leur trop grande abondance, dans la disproportion entre la quantité en émission et la valeur du gage, dans les exagérations de la malveillance et les manœuvres de l'agiotage ; qu'il faut y apporter un prompt remède et prendre toutes les précautions propres à garantir pour l'avenir de pareils inconvéniens,

Déclare qu'il y a urgence.

Le Conseil des Cinq-Cents, après avoir

(5)

déclaré l'urgence , prend la résolution suivante :

ARTICLE PREMIER.

Il sera créé pour deux milliards quatre cent millions de mandats territoriaux.

II. Ces mandats auront cours de monnaie entre toutes personnes dans toute l'étendue de la République , et seront reçus comme espèces dans toutes les caisses publiques et particulières.

III. La forme de ces mandats et les précautions pour constater que la fabrication n'excédera pas les deux milliards 400 millions, seront réglées de la manière la plus convenable et la plus sûre : il sera fait dans deux jours un rapport à ce sujet.

IV. Les mandats emporteront avec eux hypotèque , privilège et délégation spéciale sur tous les domaines nationaux situés dans toute l'étendue de la République ; de manière que tout porteur de ces mandats pourra se présenter à l'administration de

A 3

département de la situation du domaine national qu'il voudra acquérir, et le contrat de vente lui en sera passé sur le prix de l'estimation qui en sera faite, à la condition d'en payer le prix en mandats, moitié dans la première décade, et l'autre moitié dans les trois mois.

Le contrat sera passé dans la décade, au plus tard, du jour de la clôture de l'estimation.

V. La valeur des biens à vendre sera fixée sur le pied de 1790, et calculée à raison de 22 fois leur revenu net, pour les terres labourables, prés, bois, vignes et dépendances, d'après les baux existans en 1790.

A défaut de baux, la valeur de ces biens sera fixée d'après le montant de la contribution foncière de 1793, en prenant pour revenu net quatre fois le montant de cette contribution; et multipliant cette somme par vingt-deux.

VI Les maisons usines, les cours et jardins en dépendans, seront également évalués sur le pied de leur valeur en 1790, calculée à raison de dix-huit fois leur revenu net, d'après les baux existans en 1790.

A défaut de baux, l'estimation sera faite par experts, l'un nommé par l'administration de département, l'autre par le soumissionnaire; en cas de partage, le tiers sera nommé par l'administration.

En aucun cas, l'estimation faite par les experts ne pourra être inférieure à celles qui auraient été faites antérieurement.

VII. Ne sont pas compris dans les domaines nationaux hypotéqués aux mandats les bois et forêts au-dessus de trois cents arpens, et les maisons et édifices destinés par la loi au service public.

VIII. Sur les deux milliards quatre cents millions de mandats, il sera employé la quantité nécessaire pour retirer, à raison de trente capitaux pour un, tous les assignats qui restent en circulation.

A 4

Sur le surplus ; il sera remis six cents millions à la trésorerie nationale, et le reste sera déposé dans la caisse à trois clefs.

IX. Tous les porteurs d'assignats les échangeront contre des mandats dans les trois mois de la présente.

X. Les coupure d'assignats de cinquante sols et au-dessous, seront échangés successivement contre la monnaie de cuivre à fur et mesure de la fabrication, au dixième de leur valeur nominale.

XI. Les assignats qui rentréront par l'échange contre des mandats, ou contre la monnaie de cuivre, seront biffés en présence de celui qui les remettra, pour ensuite être brûlés dans la forme ordinaire.

XII. Les mandats qui rentreront par la vente des domaines nationaux, seront aussi biffés en présence du payeur, pour ensuite être brûlés.

XIII. Il sera annexé à la présente un tableau des domaines nationaux destinés au gage des mandats.

XIV. Il ne pourra, sous aucun prétexte, être créé de nouveaux mandats sur le même gage.

XV. La vente des monnaies d'or et d'argent entre particuliers est prohibée; la commission est chargée de présenter un projet de loi d'exécution à ce sujet.

XVI. Il n'est pas dérogé par la présente à la loi du 19 de ce mois sur l'emprunt forcé; il ne pourra être acquitté qu'en assignats à cent capitaux pour un, avec la progression déterminée par la même loi en cas de retard.

XVII. La commission présentera sans délai le mode d'exécution de la loi qui réserve un milliard aux défenseurs de la patrie.

XVIII. Les résolutions prises par le conseil les 20 et 21 de ce mois sur les mandats, et les domaines nationaux sont rapportées.

XIX. Il sera rédigé une instruction pour l'exécution de la présente.

La présente résolution sera imprimée ; elle sera portée au conseil des anciens par un messager d'état.

Signé, A. C. THIBAUDEAU, *président*; DAUCHY (de l'Oise), J. B. LOUVET, GIBERT-DESMOLIÈRES, *secrétaires*.

Après une seconde lecture, le conseil des anciens APPROUVE la résolution ci-dessus. Le 28 ventôse, an IV de la République Française.

Signé, REGNIER, *président*; ROSSÉE, MERLINO, BONNESOEUR, *secrétaires*.

Le Directoire exécutif ordonne que la loi ci-dessus sera publiée, exécutée, et qu'elle sera munie du sceau de la République. Fait au palais national du Directoire exécutif, le 28 ventôse, an quatrième de la République française.

Pour expédition conforme, *signé* Le Tourneur, *président* ; par le Directoire exécutif, *le secrétaire généra*', Lagarde. *Et scellé du sceau de la République.*

LOI qui autorise la trésorerie nationale à délivrer des promesses de mandats, en attendant leur création.

Du 29 ventôse.

Le Conseil des Anciens, adoptant les motifs de la déclaration d'urgence qui précède la résolution ci-après, approuve l'acte d'urgence.

Suit la teneur de la Déclaration d'urgence et de la Résolution du 29 ventôse.

Le Conseil des Cinq-Cents, considérant qu'il est instant de prendre toutes les mesures nécessaires pour la plus prompte

A 6

exécution de la loi du jour d'hier , portant création de mandats territoriaux ,

Déclare qu'il y a urgence.

Le Conseil, après avoir déclaré l'urgence , prend la résolution suivante :

ARTICLE PREMIER.

En attendant la fabrication des mandats , la trésorerie nationale est autorisée à donner des promesses de mandats qui auront cours comme les mandats , à la charge d'être endossés, pour en constater la vérité , par ceux qui les feront circuler.

Ces promesses seront échangées aussitôt que la fabrication des mandats le permettra.

II. La résolution du 17 de ce mois, relative à la vente des biens nationaux, à la concurrence d'un milliard , est rapportée.

III. Le tableau des biens nationaux , affecté à l'hypothèque spéciale des mandats , sera annexé à la loi à rendre pour l'exécution.

La présente résolution sera imprimée;

Signé, THIBAUDEAU, *président*; DAUCHY (de l'Oise), GIBERT-DESMO-LIÈRES ; P. J. AUDOUIN, *secrétaires*.

Après uue seconde lecture, le conseil des Anciens APPROUVE la résolution ci-dessus. Le 29 ventôse, an IV de la République française.

Signé, P. C. L. BAUDIN, *président*; BERNARD (de Saint-Afrique), ROSSÉE, MERLINO, BONNESOEUR, *secrétaires*.

Le Directoire exécutif ordonne que la loi ci-dessus sera publiée, exécutée et qu'elle sera munie du sceau de la République. Fait au palais national du Directoire exécutif, le 28 ventôse, an IV de la République française.

Pour expédition conforme, *Signé*, LE TOURNEUR, *président*; par le Directoire exécutif, *le secrétaire général*, LAGARDE; *et scellé du sceau de la République.*

PROCLAMATION *du Directoire exécutif, relative aux mandats territoriaux.*

Du 29 ventôse, an 4 de la République française une et indivisible.

FRANÇAIS!

Vos législateurs viennent de créer un nouveau signe monétaire, basé tout à la fois sur la justice et sur la nécessité impérieuse de pourvoir aux besoins immenses de l'état. Ils ont su concilier l'intérêt de la République avec celui des particuliers, ou plutôt, c'est dans cet intérêt particulier même qu'ils ont trouvé des ressources nouvelles et abondantes pour le gouvernement; et tels seront toujours les calculs de la vraie, de la seule politique. Enfin, après une guerre si terrible, après tant de secousses violentes, la nation se trouve tout-à-coup reportée, par la création des mandats territoriaux, au même état de fortune et de moyens qu'elle eut dans les premiers temps de la révolution. Pour faire fructifier ces moyens, pour recouvrer le même degré d'opulence et de splendeur, il ne faut que la même latitude de confiance envers les représentans de la nation, la même obéissance aux lois, la même union fraternelle entre les citoyens que celles qui régnaient alors.

Votre sort, ô Français ! est donc entièrement entre vos mains : que la loi sur les mandats territoriaux soit fidèlement observée, et la France sort de sa révolution, heureuse et triomphante ; que cette loi soit méprisée, et un profond abîme se creuse sous nos pas.

Les mandats territoriaux ont un précieux avantage que n'avaient point les assignats, et dont le défaut a causé la chûte de ceux-ci. Cet avantage est la faculté attribuée au Mandat de pouvoir être réalisé à tout instant, sans concurrence, sans entraves, sans enchères, par l'appréhension immédiate et incontestable du domaine national, sur lequel le porteur aura fixé son choix, dans toute l'étendue de la République. C'est une banque territoriale; dont le fond est notoire, dont les billets sont échangeables à bureaux ouverts, et dont la garantie est fortifiée par l'autorité de la loi qui leur donne cours forcé de monnaie. Il a fallu prévenir ainsi les criminels efforts de l'agiotage et de la malveillance, qui, sans cesse attachés à convertir en poison les remèdes les plus salutaires, n'auraient pas manqué d'avilir et d'acaparer ces nouveaux signes, avant que la masse des citoyens eût pu être éclairée sur leur valeur effective.

Lorsque, par sa cupidité sordide, l'agioteur déprécie d'un sou un billet de cent francs, ce n'est pas seulement un sou qu'il a dérobé à la foi publique, c'est pour le trésor national autant de sols perdus qu'il y a de fois cent francs dans ce trésor;

c'est une somme immense qu'il a anéantie dans les caisses publiques et dans les mains de tous les porteurs de billets ; il a ruiné ses concitoyens , il a assassiné sa patrie , et ce n'est point par l'exiguité de son vol en lui-même , qu'il faut mesurer son crime , mais par l'énormité des malheurs qu'il entraîne ; et jamais il ne fut plus évidemment vrai que le salut d'une nation entière peut résider et réside en effet dans la probité inviolable de tous les membres qui la composent.

Oui , les mœurs , oui , l'obéissance aux lois , chaque jour , Français , doit vous en convaincre , sont la sauve-garde des pays libres. La moindre atteinte qui leur est portée , ébranle l'état jusque dans ses fondemens. Tous les maux naquirent de nos dissentions , de l'esprit de rapacité , de l'abandon des travaux , de la résistance à payer les contributions , de l'avilissement de la monnaie nationale. Ces maux ne peuvent être guéris aujourd'hui

que par le régime contraire , par l'estime
réciproque des citoyens , par leur empres-
sement à s'acquitter envers le trésor public , par la restauration de l'industrie ,
par le maintien rigoureux de la valeur in-
tégrale et sans la moindre altération des
signes monétaires établis par le législateur.

Le Directoire exécutif saura déployer
dans cette importante occasion toute l'é-
tendue du pouvoir déposé en ses mains ;
il saura faire respecter la volonté nationale exprimée par l'organe des représentans du peuple.

C'est à vous , citoyens probes , amis de
la sagesse et de la liberté , immense majo-
rité des Français , c'est à vous qu'il appartient de seconder les efforts du gouvernement : formez une sainte ligue pour
défendre l'édifice constitutionnel , qui aujourd'hui repose sur le succès des mandats ;
repoussez ceux qui vous flattent pour vous
attirer dans d'affreux précipices ; vous ne
pouvez vous sauver que par d'austères vé-

rités. Qu'ont opéré pour votre bonheur, ceux qui ont travaillé jusqu'ici à vous démoraliser, ceux qui n'ont fait qu'irriter alternativement et caresser vos passions, ceux qui ont attisé parmi vous les haines, et formé des partis ? Qu'ont-ils fait autre chose que favoriser vos ennemis du dehors, qui depuis si long-temps vous eussent demandé la paix, s'ils ne fussent parvenus à vous mettre aux prises les uns avec les autres; à vous faire déchirer vos entrailles de vos propres mains ?

C'est contre ces ennemis du dehors qu'il faut éveiller les vengeances; couvrez d'indignation et de mépris leurs avocats éternels, ces lâches écrivains qui ne savent s'appitoyer que sur les traîtres; qui n'ont jamais à présenter que des tableaux hideux ; qui ne saisissent de chaque objet que ce qui peut attrister les Citoyens, les diviser, les diffamer : il est temps que chacun de nous s'énorgueillisse d'être Français. Qu'importent à la gloire nationale, les crimes de quelques malheureux que la nature, dans ses écarts, a jetés sur la terre des hommes libres?

Voyez la révolution des mêmes yeux que la postérité la verra, des mêmes yeux qu'ont pour elle les étrangers même que vous combattez ; reprenez cette énergique fierté qui enchaîna la victoire, songez à vos triomphes, et qu'ils soient le gage de triomphes nouveaux.

Français, pénétrez-vous de cette grande vérité ; c'est que le salut de tous, le salut de chacun de vous est dans la rigide exécution de la loi sur les mandats territoriaux. Déjà les heureux effets de leur créations sont ressentis par les porteurs même des assignats qui remontent rapidement, quoiqu'on ait prétendu que le nouveau papier dût achever de les anéantir.

Qu'aucune infraction ne soit donc faite à cette loi, et bientôt une rosée bienfaisante vivifiera le sol heureux que nous adjugea la nature ; la France sortira de sa déplorable langueur ; l'agiotage dévorant cessera d'exercer ses ravages ; l'activité du commerce et des arts renaîtra ; les routes et les canaux seront tirés de leurs ruines ; les fonctionnaires publics seront indemnisés de leurs pénibles travaux ; les longues souffrances des créanciers et des pensionnaires de l'état seront allégées ; le sort douloureux de nos intrépides frères d'armes sera enfin amélioré, et la félicité nationale, qu'un esprit de vertige avait cru pouvoir séparer de l'honnêteté publique et des vertus sociales, reprendra vie dans ces sources immortelles et fécondes de toutes prospérités.

Pour expédition conforme, *Signé* LE TOURNEUR, *président* ; par le Directoire exécutif, *le secrétaire général*, LAGARDE.

EXTRAIT des registres des délibé-rations du Directoire exécutif.

Du 29 Ventôse, an IV.

Le Directoire exécutif, sur le rapport du ministre des finances, ARRÊTE ce qui suit :

ARTICLE PREMIER.

A compter de ce jour, les ministres n'ordonnanceront sur la trésorerie nationale qu'en espèces, et non en assignats, valeur nominale, ils y réduiront les ordonnances non encore acquittées, qui ont été expédiées en assignats, valeur nominale.

II. Les sommes énoncées aux ordonnances qui seront délivrées sur la trésorerie, seront acquittées, soit en promesses de mandats territoriaux, soit en assignats, à raison de 30 capitaux pour un.

III. Les rescriptions qui sont en circulation, et celles qui avaient été préparées pour le service, feront provisoirement l'office de promesses de mandats territoriaux ; elles auront en conséquence cours forcé de monnaie, conformément à la loi du 28 ventôse, elles seront échangées contre des mandats à fur et mesure de leur fabrication.

IV. Les arrérages des rentes perpétuelles et viagères, et des pensions qui n'auraient pas été encore acquittées, par la trésorerie nationale, soit pour le dernier semestre de l'an 3e, soit pour les années antérieures, continueront de l'être en assignats, valeur nominale. Il sera à cet effet mis en réserve, sur les assignats restant au trésor public, une somme suffisante pour subvenir aux paiement desdits arrérages, au moment où ils seront réclamés.

Pour expédition conforme, *Signé* ; LE TOURNEUR , *Président* ; par le Directoire exécutif, *le Secrétaire général*, LAGARDE.

LOI contenant des peines contre les fabricateurs et distributeurs de faux Mandats.

Du 7 germinal, an IV.

Le Conseil des Anciens, adoptant les motifs de la déclaration d'urgence qui précède la résolution ci-après, approuve l'acte d'urgence.

Suit la teneur de la Déclaration d'urgence et de la Résolution du 4 germinal.

Le Conseil des Cinq-Cents, considérant qu'il importe de lever sans délais tous les obstacles que la malveillance pourrait opposer à la circulation des mandats, et de décerner des peines contre ceux qui tenteraient de falsifier, décrier ou refuser ce papier-monnaie,

Déclare qu'il y a urgence.

Et après avoir déclaré l'urgence, il prend la résolution suivante :

ARTICLE

ARTICLE PREMIER.

Les peines prononcées par les lo's , contre les fabricateurs et distributeurs de faux assignats, sont applicables à ceux qui fabriqueront ou distribueront de faux mandats territoriaux ou des promesses de mandats, en quelques termes qu'elles soient conçues. Les coupables seront jugés d'après les formes prescrites par lesdites lois.

II. Ceux qui par leurs écrits ou leurs discours, décrieraient les mandats , seront condamnés pour la première fois, par voie de police correctionnelle , à une amende qui ne pourra être moindre de mille francs , ni excéder dix mille francs. En cas de récidive, ils seront poursuivis criminellement et punis de quatre années de fers.

III. Ceux qui refuseraient de recevoir en paiement les mandats territoriaux ou promesses de mandats , seront condamnés,

B

pour la première fois, à une amende
égale à la somme refusée; pour la seconde,
à une amende décuple; et pour la troisième fois, ils seront condamnés à deux
ans d'emprisonnement dans les formes
prescrites par la loi du 20 ventôse dernier, concernant les monnaies métalliques
frappées au coin de la République.

IV Aucuns achats, ventes, traités,
conventions ou transactions portant promesses de sommes, ne pourront être
stipulées ni exigées qu'en mandats territoriaux ou promesses de mandats. Toutes stipulations contraires seront rejettées par les tribunaux comme non a-
venues.

V. Les fonctionnaires publics iqu auraient inséré dans les actes des stipulations contraires à la présente loi, et ceux
qui les auraient enregistrées, seront punis des peines portées par l'article II
ci - dessus.

VI. Ceux qui acheteraient ou vendraient du numéraire métallique dans toute l'étendue du territoire français ou occupé par les armées, et leurs complices, seront condamnés avec leurs complices, pour la première fois, à une amende qui ne pourra être moindre de trois mille francs, ni excéder dix mille francs. En cas de récidive, ils seront poursuivis criminellement et punis de quatre années de fers.

VII. Ceux qui auront été condamnés aux amendes prononcées par la présente loi, seront tenus en prison jusqu'à l'entier paiement.

VIII. Il n'est pas dérogé aux lois concernant les négociations à faire par le gouvernement pour ses besoins en numéraire.

IX. La présente résolution sera imprimée.

Signé Doulcet, *président* ;
Savary, R. G. Lemerer, *secrétaires.*

Après avoir entendu le rapport de la commission nommée le 5 germinal, et une seconde lecture, le Conseil des Anciens APPROUVE la résolution ci-dessus. Le 7 germinal, an IV de la République française.

Signé J. A. CREUZÉ-LATOUCHE, *président*; MEILLANT, ALQUIER, D'ALPHONSE, DE TORCY, *secrétaires*.

Le Directoire exécutif ordonne que la loi ci-dessus sera publiée, exécutée, et qu'elle sera munie du sceau de la République. Fait au palais national du Directoire exécutif, le 7 germinal, an IV de la République Française.

Pour expédition conforme, *Signé* : LETOURNEUR, *président*; par le Directoire exécutif, *le secrétaire général,* LAGARDE ; *et scellé du sceau de la République.*

LOI qui supprime la formalité de l'endossement des promesses de mandats.

Du 7 Germinal, an IV.

Le Conseil des Anciens, adoptant les motifs de la décl ration d'urgence qui précède la résolution ci-après , approuve l'acte d'urgence.

Suit la teneur de la déclaration d'urgence et de la résolution du 6 germinal.

Le conseil des Cinq-Cents, considérant combien il importe que les promesses de mandats n'éprouvent aucune d.fficulté dans la circulation , et qu'elles puissent être incessamment employées au service public ,

Déclare qu'il y a urgence.

Après avoir déclaré l'urgence, il prend la résolution suivante :–

L'article premier de la loi du 29 ventôse dernier , est rapporté , en ce qui

concerne seulement la formalité de l'endossement des promesses de mandats.

La présente résolution sera imprimée ;
Signé, DOULCET, *président*, LEMERER,
J. DEBRY, SAVARY, *Secrétaires*.

Après une seconde lecture, le conseil
des anciens APPROUVE la résoltuion ci-dessus. Le 7 germinal, an IV de la République française.

Signé, J. A. CREUZÉ-LATOUCHE, *président*; D'ALPHONSE, DE TORCY, *secrétaires*.

Le Directoire exécutif ordonne que la
loi ci-dessus sera publiée, exécutée et
qu'elle sera munie du sceau de la République. Fait au palais national du Directoire exécutif, le 7 germinal, an IV de
la République française.

Pour expédition conforme, *Signé*,
LETOURNEUR, *président*; par le Directoire exécutif, *le secrétaire général*,
LAGARDE; *et scellé du sceau de la République*.

_LOI qui lève la suspension des rembour-
semens, et détermine le mode de
paiement des obligations, des loyers
et des fermages._

Du 7 Germinal, an IV.

Le Conseil des Anciens, adoptant les
motifs de la déclaration d'urgence qui
précède la résolution ci-après, approuve
l'acte d'urgence.

_Suit la teneur de la déclaration d'ur-
gence et de la résolution du 8 ger-
minal._

Le Conseil des Cinq-Cents, sur le rapport de la commission des finances relatif au paiement des transactions entre
citoyens ; considérant qu'après avoir as-
suré aux Mandats une valeur réelle en
fixant le montant de leur émission, et
leur affectant spécialement un gage qui
lui est bien supérieur, il ne reste

B 4

aucun motif de prolonger la suspension des paiemens ordonnés par les lois des 25 messidor et 12 frimaire derniers ;

Considérant qu'il faut promptement chercher à concilier, avec le nouvel ordre dans les finances, les intérêts des débiteurs et des créanciers, de manière à ne pas rendre plus onéreux le sort des premiers, et à conserver aux autres ce que la justice les mettait en droit d'exiger,

Déclare qu'il y a urgence.

Le Conseil, après avoir déclaré l'urgence, prend la résolution suivante :

ARTICLE PREMIER.

Les lois des 25 messidor et 12 frimaire derniers, qui suspendent provisoiremen les remboursemens, sont abrogées.

II. En exécution de la loi du 28 ventôse dernier, toutes les obligations antérieures au premier janvier 1792, ou contractées depuis en numéraire ou lingots d'or ou d'argent, seront, tant en principal qu'intérêts, acquittées en mandats. Les arrérages des rentes viagères seront payés en mandats.

III. Quant aux autres obligations contractées et non spécifiées en valeur numéraire, postérieurement à l'époque du premier janvier 1792, leur valeur réelle, pour ce qui en reste dû, sera fixée de la manière suivante :

Les obligations contractées depuis le premier janvier 1792 au premier janvier 1793, seront réduites, à 95 francs pour cent.

Celles contractées pendant les cinq premiers mois de 1793, seront réduites à 85 francs pour cent.

Celles contractées pendant les mois de juin, juillet, août et septembre, jusqu'au premier vendémiaire, an II, et pendant les six premiers mois de l'an

II , seront réduites à 75 francs pour cent.

Celles contractées pendant les six derniers mois de l'an II , et jours complémentaires , seront réduites à 65 francs pour cent.

Celles contractées pendant les trois mois de vendémiaire, brumaire et frimaire de l'an III , seront réduites à 60 francs pour cent.

Celles contractées dans les mois de nivôse et pluviôse même année , seront réduites à 50 francs pour cent.

Celles contractées en ventôse et germinal , à 40 francs pour cent.

Celles contractées en floréal seront réduites à 30 francs pour cent.

Celles contractées en prairial seront réduites à 20 francs pour cent.

Celles contractées en messidor , thermidor , à 15 francs pour cent.

Celles contractées en fructidor et jours complémentaires, à 10 francs pour cent.

Celles contractées en vendémiaire, an IV, à 8 francs pour cent.

Celles contractées en brumaire, à 6 francs pour cent.

Celles contractées en frimaire, à 4 francs pour cent.

Celles contractées en nivôse, à 3 francs pour cent.

Celles contractées depuis, à 2 francs pour cent.

Le montant de la valeur réelle des obligations ainsi réduites, soit en capital, soit en intérêts, sera acquitté en mandats.

IV. Les fermages non payés des biens ruraux, ceux des moulins à bleds, et les arrérages des rentes foncières pour l'an 3, et années antérieures, seront payés en grains pour la partie déterminée

B 6

par les lois ou par les conventions, et, pour le surplus, en mandats.

V. Les fermages des usines, non stipulés en nature, seront payés en mandats.

VI. Les loyers des maisons, dont les baux sont stipulés en numéraire, seront payés en mandats.

VII. Tous les loyers des maisons, non stipulés en numéraire, seront payés, pour le temps qui s'est écoulé jusqu'au premier germinal courant, comme ils l'ont été pour le terme précédent.

VIII. Les locataires qui n'ont pas de baux par écrit continueront de payer de la même manière les trois mois suivans.

IX. Les locataires qui jouissent, en vertu d'un bail antérieur au premier nivôse de l'an 3, seront tenus de payer en mandats pour le temps qui s'écoulera depuis le premier germinal.

A l'égard des baux passés depuis le premier nivôse de l'an 3, les proprié-

taires et les locataires auront respecti-
vement la faculté de les résilier, en a-
vertissant trois mois d'avance, si mieux
n'aiment les locataires payer en mandats
le prix stipulé dans leur bail. La faculté
de déclarer la résiliation devra être exer-
cée dans les deux mois, à compter de
la présente loi.

Les loyers du temps qui échoira jusqu'à la résiliation effectuée, seront payés
comme ils l'ont été pour le terme précédent, jusqu'au premier messidor, et
pour le temps postérieur, en mandats,
au trentième du prix stipulé.

XI. Tout dépôt sera rendu en nature.

XII. Tout débiteur, pour compte courant dont le solde se trouve payable en
assignats, et tout négociant commission-
naire qui, pour compte de ses commet-
tans, aura vendu des marchandises ou
reçu des lettres-de-change payables en
assignats, dont on aura laissé le produit

entre ses mains , sans empêchement de sa part à ce qu'il en ait été autrement , sera censé dépositaire des assignats qui lui restent en main par suite de ces opérations , et il ne pourra être tenu qu'à les fournir ou à les déposer. Il sera de même tenu de fournir les autres valeurs telles qu'il les aura reçues.

XIII. La loi du 29 nivôse , relative aux retraites de lettres - de - change sur l'étranger , continuera d'être exécutée.

La présente résolution sera imprimée.

Signé DOULCET , *président ;*
SAVARY , R. G. LEMERER , J. DEBRY , *secrétaires.*

Après avoir entendu le rapport de la commission nommée le 9 germinal , et une seconde lecture , le Conseil des Anciens APPROUVE la résolution ci-dessus. Le 15 germinal , an IV de la République française.

Signé J. A. CREUZÉ-LATOUCHE ,

président ; D'ALPHONSE, MEILLANT, DE TORCY, *secrétaires*.

Le Directoire exécutif ordonne que la loi ci-dessus sera publiée, exécutée, et qu'elle sera munie du sceau de la République. Fait au palais national du Directoire exécutif, le 15 germinal, an IV de la république française.

Pour expédition conforme, *Signé*, LETOURNEUR, *président*, par le Directoire exécutif, *le secrétaire général*, LAGARDE ; *et scellé du sceau de la République*.

ARRÊTÉ du Directoire exécutif contenant des mesures pour assurer le crédit et empêcher la falsification des Mandats territoriaux.

Le directoire exécutif, sur le rapport du ministre des finances, considérant que la valeur donnée aux rescriptions nationales, aux promesses de mandats, et aux mandats territoriaux, doit faire prévenir, à l'égard de ces nouveaux signes monétaires, les manœuvres que n'ont cessé d'employer les ennemis de la fortune publique pour discréditer les assignats, soit en les contrefaisant, soit en alarmant les propriétaires sur la validité de ces effets par des bruits répandus à dessein;

Qu'il importe de prendre toutes les mesures qui peuvent tendre à assurer le crédit de ces nouveaux signes, sur lesquels reposent la prospérité de l'état et la fortune de tous les citoyens;

Que le seul moyen de déjouer les manœuvres des faussaires, est de centraliser et de suivre les mesures déjà adoptées contre les fabricateurs et distributeurs de faux assignats, dont les heureux effets sont démontrés par l'expérience,

Arrête ce qui suit:

Art. I. Le vérificateur-général des assignats procédera à la vérification des rescriptions nationales , des promesses de mandats , ensuite des mandats territoriaux, dans la forme prescrite par les lois pour la vérification des assignats.

II. Il emploiera , sous la surveillance du ministre des finances , pour la recherche et la poursuite des contrefacteurs de ces nouveaux papiers nationaux , les mêmes moyens que les lois lui ont donné pour rechercher et découvrir les fabricateurs et distributeurs de faux assignats.

III. Les receveurs-généraux des contributions directes de chaque département, et les ci-devant receveurs de districts conservés , rempliront les fonctions de vérificateurs provisoires dont ces derniers étoient chargés par la loi du 23 avril 1793, relativement à la vérification des assignats, tant à l'égard de ces derniers papiers , pendant le tems qu'ils seront en circulation , qu'à l'égard des rescriptions nationales, promesses de mandats, et des mandats territoriaux.

IV. Les directeurs de la fabrication des mandats remettront au vérificateur général (d'après un procès - verbal qui sera dressé à cet effet) , le nombre des types-vérificateurs de chaque coupure de ces effets nationaux suffisans pour en munir les receveurs et vérificateurs dans les départemens et à l'étranger.

V. Ces types-vérificateurs seront signés aux revers par les citoyens Grouvelle, directeur du timbrage de la fabrication; Frécine, commissaire du Directoire exécutif, chargé de la surveillance du brûlement des assignats, et le citoyen Deperey, vérificateur-général.

VI. Ils seront adressés , sans délai, par le vérificateur-général, avec les instructions dont il croira devoir les accompagner, à chacun des receveurs généraux et particuliers, et aux autres vérificateurs, à fur et mesure que les coupures seront mises en circulation.

VII. Les receveurs-généraux et particuliers correspondront directement avec le vérificateur-général, pour tout ce qui sera du ressort de la vérification de ces nouveaux papiers-nationaux, comme faisaient les receveurs des ci-devant districts, relativement aux assignats.

VIII. Ils continueront à lui donner tous les renseignemens qui pourront tendre à diriger et à éclairer sa marche, dans la recherche et la poursuite des contre-facteurs.

IX. Le vérificateur-général rédigera et fera publier les procès-verbaux des signes caractéristiques des contre-façons qu'il pourrait découvrir, d'après les formes prescrites par la loi du 23 avril 1793.

X. Les autorités constituées continueront à donner connoissance au vérificateur-général, de toutes les découvertes qu'elles pourraient faire des délits de cette nature , ainsi qu'elles y étaient tenues pour les faux assignats, par l'article 2 de la loi du 23 avril 1793, et l'article 7 de la loi du 2 messidor , an 2.

XI. Conformément à l'article 9 de cette dernière loi , relatif à la mise en jugement des fabricateurs et distributeurs de faux assignats , les accusateurs publics près les tribunaux criminels des départemens , ne pourront traduire en jugement un citoyen prévenu de fabrication de fausses rescriptions , promesses de mandats ou mandats territoriaux , sans les avoir préalablement soumis à la vérifiation définitive du vérificateur général.

XII. Les feuilles ou promesses de mandats , qui auront été fautées tant à l'imprimerie qu'au timbre , seront versées par le directeur du timbre entre les mains du vérificateur-général , pour être brûlées en présence d'un préposé de la trésorerie nationale et du commissaire du directoire exécutif chargé de surveiller le brûlement des assignats.

Procès-verbal de cette remise sera dressé à la suite de ceux des versemens de bonnes feuilles faits à la trésorerie nationale par le directeur du timbre.

XIII. Le présent arrêté sera imprimé, et le ministre des finances veillera à ce qu'il en soit envoyé expédition au vérificateur-général, aux receveurs-généraux et particuliers des départemens et aux autorités constituées qu'il peut concerner.

Pour expédition conforme, *Signé*, LE TOURNEUR, *président* ; par le Directoire exécutif, *le secrétaire général*, LAGARDE.

LOI portant qu'à compter du premier Germinal, les traitemens seront réduits à un taux fixe et payés en Mandats.

Du 17 germinal, an IV.

Le Conseil des Anciens, adoptant les motifs de la déclaration d'urgence qui précède la résolution ci-après, approuve l'acte d'urgence.

Suit la teneur de la déclaration d'urgence et de la résolution du 9 germinal.

Le conseil des Cinq-Cents, sur le rapport de la commission des finances, considérant la nécessité d'assurer à tous les fonctionnaires un traitement analogue à leurs besoins, et fixé d'après les nouvelles lois sur les finances,

Déclare qu'il y a urgence.

Le conseil, après avoir déclaré l'urgence, prend la résolution suivante :

ARTICLE PREMIER.

Les traitemens échus au premier germinal seront payés comme ils l'étaient auparavant ; et, pour l'avenir, ils seront réduits à un taux fixe et payés en mandats. La commission des dépenses en présentera sans délai le tableau.

II. La présente résolution sera imprimée.

Signé, DOULCET, *président* ;
J. DEBRY, R. G. LEMERER, SAVARY, DEFERMONT, *secrétaires.*

Après avoir entendu le rapport d'une commission nommée le 11 germinal ; et une seconde lecture, le conseil des Anciens APPROUVE la résolution ci-dessus. Le 9 germinal, an IV de la République française.

Signé, J. A. CREUZÉ-LATOUCHE, *président* ; ALQUIER, DE TORCY, D'ALPHONSE, *secrétaires.*

Le Directoire exécutif ordonne que la loi ci-dessus sera publiée, exécutée, et qu'elle sera munie du sceau de la République. Fait au palais national du Directoire exécutif, le 17 germinal an 4 de la République française.

Pour expédition conforme, *Signé*, LE TOURNEUR, *Président*, par le Directoire exécutif, *le secrétaire général*, LAGARDE, *et scellé du sceau de la République.*

Arrêté du Directoire exécutif qui fixe le traitement des fonctionnaires publics.

Du 29 Germinal, an IV.

Le directoire exécutif, sur le rapport du ministre des finances, considérant que la loi du 17 germinal ordonne que tous les traitemens et salaires publics seront payés en mandats : que l'ordre de la comptabilité exige qu'ils soient réduits

à

à un-taux proportionné aux prix du travail, et à ce que l'économie prescrit de faire à cet égard.

Arrête, comme mesure provisoire, ce qui suit:

ARTICLE PREMIER.

Les traitemens de la deuxième quinzaine du mois de germinal, seront réduits, pour tous les employés salariés par le trésor public, au taux où ils étaient lors du dernier paiement en valeur fixe.

II. Le traitement des employés dans les grands établissemens de l'administration générale, tels que les bureaux des ministres, de la comptabilité et de la liquidation, ne pourra excéder en somme totale la proportion de 3000 liv. par année et employé.

III. Le traitement le plus considérable ne pourra point excéder 8000 liv. par année, ni le plus faible être au-dessous de 1200 liv.

IV. Le traitement des garçons de bu-

(50)

reaux ne pourra pas excéder 900 liv. par année.

V. Le paiement des traitemens de la seconde quinzaine de germinal sera fait deux tiers en mandats , et un tiers en assignats, sur le pied de trente capitaux pour un.

Le ministre des finances est chargé de l'exécution du présent arrêté.

Pour expédition conforme, *Signé* LE TORRNEUR, *président* ; par le Directoire exécutif, *le secrétaire général,* LAGARDE.

LOI relative à la solde des armées.

Du 15 germinal, an IV.

Le conseil des Anciens, adoptant les motifs de la déclaration d'urgence qui précède la résolution ci-après, approuve l'acte d'urgence.

Suit la teneur de la déclaration d'urgence et de la résolution du 15 germinal.

Le conseil des Cinq-Cents, considérant que les ressources nationales permettent d'assurer au défenseur de la patrie un traitement qui lui facilite les moyens de suivre, dans le cours de cette campagne, ses glorieux succès,

Déclare qu'il **y** a urgence.

Le conseil, après avoir déclaré l'urgence, prend la résolution suivante :

ARTICLE PREMIER.

A compter du 15 germinal, an IV, la solde accordée par les lois aux armées de terre et de mer, aux différens employés à leur suite, et dans les places de guerre, et généralement aux militaires en activité de service, de quelque grade qu'ils soient, sera payée en valeur fixe.

II. Les dispositions des lois relatives aux indemnités qui leur étaient dues, en raison du discrédit de l'assignat, sont rapportées.

III. Les fournitures en nature continueront de leur être délivrées comme
par le passé.

IV. La présente résolution sera imprimée.

Signé, DOULCET, *président* ;
R. G. LEMERER, J. DEBRY, SAVARY,
secrétaires.

Après une seconde lecture, le conseil
des Anciens APPROUVE la résolution ci-
dessus. Le 15 germinal, an IV de la République française.

Signé, J. A. CREUZÉ-LATOUCHE,
président ; DE TORCY, ALQUIER, D'AL-
PHONSE, *secrétaires*.

Le directoire exécutif ordonne que la
loi ci-dessus sera publiée, exécutée, et
qu'elle sera munie du sceau de la République. Fait au palais national du Directoire exécutif, le 16 germinal, an IV de
la République française.

Pour expédition conforme, *Signé*
LETOURNEUR, *président* ; par le Direc-

toire exécutif, *le secrétaire général,*
LAGARDE, *et scellé du sceau de la*
République.

ARRÊTÉ du Directoire exécutif
concernant la solde des armées.

Du 23 Germinal, an IV.

Le directoire exécutif, en exécution
de la loi du 16 germinal, présent mois,
portant que la solde des armées de terre
et de mer, et des employés a leur suite,
sera payée en valeur fixe, arrête.

ART. Ier. A compter du 16 germinal,
présent mois, la solde des troupes de la
République sera payée, savoir :

Pour l'infanterie et l'infan-
fanterie légère,
Pour les carabiniers,
Pour la cavalerie et la cavalerie légère,
Pour les bataillons de sa- } Conformément aux ta-
peurs, } rifs annexés à la loi du 2
Pour les compagnies de } thermidor, an 2.
guides,
Pour le grand état-major
de l'armée,

C 3

Pour les militaires de tout grade dans le génie et dans les compagnies de mineurs ; } D'après les dispositions des lois du 18 thermidor, an 2, et 14 ventôse, an 3.

Pour les compagnies de vétérans nationaux, } Suivant le tarif annexé à la loi du 19 thermidor, an 2.

Pour l'artillerie à pied, Pour l'artillerie à cheval, } Suivant le tarif annexé à la loi du 18 floréal, an 2.

Pour la gendarmerie employée à Paris, dans les divers départemens et aux armées,

La légion de police,

La garde du corps législatif, } Conformément aux lois des 16 février 1791, 22 mai 1793, 26 pluviôse et 30 ventôse, an 3 ; 2 thermidor, an 2 ; 26 fructidor, 13 prairial, 9 messidor, 15 thermidor, 10 fructidor et troisième jour complémentaire, an 3 ; aux arrêtés du comité de salut public, des 26 vendémiaire et 12 brumaire ; aux lois des 18 juillet 1792, 27 prairial, an 2 ; 2 thermidor, même année ; 25 germinal et 4 thermidor, an 3 ; à l'arrêté du comité de salut public, du 18 du même mois, et aux lois des 16 février 1791 ; 25 pluviôse, an 3, et 6 vendémiaire, an 4.

Pour les commandans et adjudans de place, } D'après les dispositions de l'arrêté du comité de salut public, du 30 messidor, an 3 ; et le tarif y annexé.

Pour les commissaires des guerres, } Conformément à la loi du 28 nivôse, an 3.

Pour les les officiers de \
santé et employés des \
hôpitaux militaires à la / Conformément à la loi \
suite des armées, / du 5 ventôse, an 5.

II. Les paiemens de solde qui auraient été effectués avant la mise à exécution de la loi et du présent arrêté, seront rétablis, à dater du 16 germinal présent mois, en valeur fixe; et à cet effet, il sera fait des rappels, à compter de cette époque, pour la différence de l'ancienne à la nouvelle évaluation de la solde.

III. Les sommes affectées à l'intérêt des troupes devant être payées en valeur fixe, le *maximum* en sera rétabli conformément à la loi du 2 thermidor, an 2, et à compter du premier floréal prochain.

IV. Le ministre de la guerre est chargé de l'exécution du présent arrêté, qui sera imprimé au bulletin des lois.

Pour expédition conforme, *Signé* Le Tourneur, *président*; par le Directoire exécutif, *le secrétaire général*, Lagarde.

C 4

LOI qui détermine les valeurs admissibles en paiement de l'emprunt forcé.

Du 15 germinal.

Le conseil des Anciens, adoptant les motifs de la déclaration d'urgence qui précède la résolution ci-après, approuve l'acte d'urgence.

Suit la teneur de la déclaration d'urgence et de la résolution du 9 germinal.

Le conseil des Cinq-Cents, sur le rapport de la commission des finances, sur le message du directoire exécutif, du 9 de ce mois ;

Considérant que s'il était utile de retirer, par l'emprunt forcé, la presque totalité des assignats, et d'ordonner en conséquence, par la loi du 28 ventôse, de n'admettre en paiement de cet emprunt que des assignats, il est de toute justice aussi de modifier cette disposition qui pour-

rait réduire ceux qui doivent à l'emprunt
forcé à l'impossibilité de s'acquitter,

Déclare qu'il y a urgence.

Le conseil, après avoir déclaré l'urgence, prend la résolution suivante :

ARTICLE PREMIER.

La disposition de la loi du 28 ventôse,
qui ordonne que l'emprunt forcé ne
pourra être payé qu'en assignats, est rapportée. Il pourra être payé dans les valeurs exprimées dans l'art. 2 de la loi du
19 ventôse, qui porte qu'après l'échéance
des délais y fixés, les assignats ne seront
reçus que sur le pied de cent dix capitaux,
et d'un capital de plus pour chaque jour
de retard.

II. Les promesses de mandats seront
aussi reçues en paiement de cet emprunt,
mais seulement jusqu'au moment où l'é-
change des assignats contre les mandats
sera ouvert : celles qui rentreront par

l'emprunt forcé seront annullées comme les assignats.

III. Les poursuites pour le recouvrement entier de l'emprunt forcé, tant des premières taxes que des cotes additionnelles, seront faites sans délai par les autorités chargées de cet objet.

IV. La présente résolution sera imprimée;

Signé, DOULCET, président;
R. G. LEMERER, J. DEBRY, SAVARY, secrétaires.

Après une seconde lecture, le conseil des Anciens APPROUVE la résolution ci-dessus. Le 15 germinal, an IV de la République française.

Signé, J. A. CREUZÉ-LATOUCHE, président; DE TORCY, ALQUIER, D'ALPHONSE, secrétaires.

Le directoire exécutif ordonne que la loi ci-dessus sera publiée exécutée, et qu'elle sera munie du sceau de la République. Fait au palais national du Directoire exécutif, le 17 germinal, an IV. de la République Française.

Pour expédition conforme, *Signé* Le Tourneur, *président* ; par le Directoire exécutif, *le secrétaire général*, Lagarde, *et scellé du sceau de la République.*

ARRÊTÉ du Directoire exécutif, qui ordonne la promulgation à son de trompe, dans toutes les communes de la République, de la loi du 7 de ce mois, contenant des peines contre les fabricateurs et distributeurs de faux Mandats.

Du 18 germinal, an IV.

Le directoire exécutif arrête que la loi du sept de ce mois, contenant des peines, tant contre les fabricateurs et distributeurs de faux mandats, que contre

ceux qui chercheraient à déprécier les mandats, ou promesses de mandats territoriaux, qui les refuseraient en paiement,
sera promulguée à son de trompe dans
toutes les communes de la république.

Le ministre de la justice est chargé de
l'exécution du présent arrêté, lequel
sera inséré au bulletin des lois.

Pour expédition conforme, *Signé*
Le Tourneur, *président ; par le Directoire exécutif, le secrétaire général,* Lagarde.

____

*LOI relative au paiement des rentes et
pensions perpétuelles ou viagères dues
par le trésor public.*

Du 9 germinal.

Le conseil des Anciens, adoptant les
motifs de la déclaration d'urgence qui
précède la résolution ci-après, approuve
l'acte d'urgence.

Suit la teneur de la Déclaration d'urgence et de la Résolution du 8 germinal.

Le conseil des Cinq-Cents, sur le rapport de la commission des finances, relatif aux païemens à faire par le trésor public; considérant que les dernières résolutions prises sur les finances, pour garantir entre les citoyens l'exécution de leurs transactions, et au trésor public la rentrée des contributions, exigent que les droits des créanciers de l'état soient également garantis,

Déclare qu'il y a urgence.

Le conseil, après avoir déclaré l'urgence, prend la résolution suivante :

ARTICLE PREMIER.

Les rentes et pensions perpétuelles ou viagères dues par le trésor public, seront payées en mandats pour le tems qui s'écoulera, à compter du premier germinal.

Les arrérages échus jusqu'audit jour,

et qui n'auront pas été reçus avant le premier messidor, ne seront payés après cette époque, qu'au trentième seulement en mandats.

II. Tous les engagemens contractés pour le compte de la République, seront acquittés par la trésorerie nationale, comme les obligations entre particuliers.

La présente résolution sera imprimée.

Signé, DOULCET, *président* ;
R. G. LEMERER, J. DEBRY, SAVARY, *secrétaires*.

Après une seconde lecture, le conseil des Anciens APPROUVE la résolution ci-dessus. Le 9 germinal, an IV de la République française.

Signé J. A. CREUZÉ-LATOUCHE, *président* ; D'ALPHONSE, DE TORCY, ALQUIER, *secrétaires*.

Le Directoire exécutif ordonne que la loi ci-dessus sera publiée exécutée, et qu'elle sera munie du sceau de la République. Fait au palais national du Directoire exécutif, le 9 germinal, an IV de la République française.

Pour expédition conforme, *Signé* LE TOURNEUR, *président ;* par le Directoire exécutif, *le secrétaire généra*, LAGARDE, *et scellé du sceau de la République.*

*L O I contenant instruction pour l'exé-
cution de celle du 28 Ventôse dernier,
portant création des mandats territoriaux.*

Du 6 Floréal , an 4ᵉ. de la Rép. Franç.

LE Conseil des Anciens, adoptant les
motifs de la déclaration d'urgence qui
précède la résolution ci-après, approuve
l'acte d'urgence.

*Suit la teneur de la Déclaration d'urgence
et de la résolution du 29 germinal.*

Le Conseil des Cinq-Cents, considérant
la nécessité d'assurer promptement, par
une instruction, l'exécution de la loi du
28 ventôse,

Déclare qu'il y a urgence.

Le Conseil, après avoir déclaré l'urgence, prend la résolution suivante :

L'instruction dont la teneur suit est adoptée, et sera exécutée dans toutes ses dispositions.

INSTRUCTION pour l'exécution de la loi du 28 ventôse.

Le Corps législatif a, par la loi du 28 ventôse, créé les mandats territoriaux : les plus puissans motifs ont dicté cette loi ; l'intérêt de tous commande son exécution ; et pour la faciliter, pour prévenir toutes les difficultés, il faut donner aux mesures d'exécution les développemens nécessaires.

L'article IV de la loi du 28 ventôse porte « que les mandats emporteront avec eux hypothèque, privilège et délégation spéciale sur tous les domaines nationaux situés dans toute l'étendue de la République, de manière que tout porteur de ces mandats pourra se présenter à l'administration de département de la situation du domaine national qu'il voudra acquérir, et le contrat de vente lui en sera passé sur le prix de l'estimation qui en sera faite ».

Il faut rappeller d'abord quelles sont les propriétés nationales affectées aux mandats; 2º. établir les formalités à suivre par les porteurs de mandats qui désirent les convertir en domaines nationaux; 3º. ce que devront faire les administrations de département pour les évaluations, les estimations et les fixations de prix; 4º. comment se formera le titre translatif de propriété, et quelles seront les obligations imposées aux acquéreurs et la manière dont ils seront tenus de les acquitter.

§. PREMIER.

La loi du 28 ventôse affecte aux mandats *tous les domaines nationaux situés dans toute l'étendue de la République*. Elle ne fait d'exceptions que des bois et forêts au-dessus de 300 arpens, et des maisons et édifices destinés par la loi à un service public.

Les administrations de département pro nonceront dans la décade lorsqu'il s'éle vera des difficultés sur la question de savoir si l'objet soumissionné doit ou non être compris dans ces exceptions.

Les domaines nationaux se divisent en deux classes : la première comprend les biens ruraux ; la seconde, les maisons, moulins et usines ; et on distingue dans ces biens ceux qui sont indivis, ceux qui sont tenus à bail emphytéotique, ceux qui sont grevés d'un usufruit.

Les biens indivis ne sont pas moins susceptibles d'être vendus que les autres ; ils peuvent être soumissionnés et aliénés en totalité, si le prétendant droit n'a pas formé sa réclamation dans les délais que la loi lui prescrivait ; ils peuvent être aliénés pour la portion appartenante à la république, si les droits du co-propriétaire ont été réclamés et reconnus. L'acquéreur entrera alors dans tous les droits de la nation, et partagera en son lieu et place avec le co-propriétaire.

Quand aux biens tenus à bail emphytéotique, on ne peut prendre ces baux pour règle d'évaluation ; mais ces biens doivent être évalués d'après la contribution, ou estimés par experts dans le cas où les rôles et matrices des rôles de contribution foncière ne fourniraient pas moyen de faire l'é--valuation.

Enfin la valeur des biens grevés d'usufruit sur une ou plusieurs têtes, sera réglée à la moitié du prix auquel le bien aurait été évalué s'il n'eût pas été grevé d'usufruit, toutes les fois que le plus jeune n'aura pas atteint l'âge de cinquante ans; et lorsque l'usufruitier sera plus avancé en âge, la valeur des biens grevés d'usufruit sera réglée aux trois quarts.

Tous les domaines nationaux sont vendus quittes de toutes charges et hypothèques; et il ne peut être reçu d'opposition qu'autant que les opposans prétendraient qu'un domaine présumé national est leur propriété patrimoniale, et en ce cas l'administration du département prononcera dans la décade.

Les domaines nationaux sont vendus tels qu'ils sont : mais les fruits et fermages seront partagés comme les loyers de maisons, de manière que le fermier ou le cultivateur comptera au receveur des domaines du quart, du tiers ou de telle autre portion de ses prestations annuelles, suivant qu'à l'époque de la vente il se sera écoulé un tiers, un quart ou telle autre partie de l'année, à compter de l'époque fixée pour son entrée en jouissance du fermier. Ainsi les porteurs de mandats pourront facilement reconnaître les domaines nationaux sur lesquels leurs soumissions peuvent être faites; on ne pourra leur opposer aucune exception que celle portée dans la loi du 28 ventôse dernier et dans la présente instruction.

§. II.

La loi du 28 ventôse autorise tout porteur de mandats à se présenter á l'administration de département de la situation du domaine qu'il voudra acquérir, et porte que le contrat de vente lui en sera passé sur le prix de l'estimation qui en sera faite.

Le porteur de mandats doit trouver, tant auprès des corps administratifs et municipalités que dans les bureaux des préposés de la régie des domaines, tous les renseignemens qui pourront lui être utiles; ils ne pourront lui être refusés. Le Corps Législatif ne croit pas avoir besoin de provoquer à cet égard le zèle et le patriotisme des fonctionnaires publics ; tous doivent sentir ce que commande l'intérêt général.

Les administrations de département ne doivent pas même attendre les soumissions, pour faire faire un état circonstancié des biens nationaux de leur territoire, et en fixer le prix d'après les baux de 1790, ou d'après la contribution à laquelle ils ont été imposés en 1793, afin qu'à chaque instant les porteurs de mandats puissent prendre connaissance des biens qui leur sont affectés, et de leur évaluation.

Mais la facilité donnée aux porteurs de mandats ne doit pas être une source d'abus; il faut prévoir ceux qu'on vit naître dans les premiers temps de l'adjudication des domaines nationaux. Alors des hommes d'une insolvabilité notoire se présentaient aux enchères, et contractaient des obligations qu'ils étaient hors d'état de remplir : ils cherchaient à mettre à contribution ceux qui voulaient sérieusement acquérir; ils entravaient les opérations des corps administratifs. On verrait ces mêmes hommes multiplier leurs soumissions, pour ensuite les céder avec avantage, ou les laisser sans exécution.

Tous ceux qui de bonne-foi voudront acquérir, et qui, d'après la loi du 28 ven-

tôse, doivent être porteurs de mandats, et
fournir le paiement de la moitié du prix
dans la décade de l'acte de vente, ne se
plaindront pas qu'on exige d'eux, avant
la soumission, la consignation du quart au
moins du prix présumé des objets qu'ils
voudront soumettre ; et cette précaution
suffira pour écarter les spéculateurs avides
et pour donner à la république une garantie de l'exécution des soumissions ; elle
préviendra aussi les contestations entre
ceux qui prétendraient à un même objet.

Cette consignation se fera entre les mains
du receveur des domaines nationaux du
chef-lieu de département, en mandats ou
en promesses de mandats : elle ne pourra
être refusée comme insuffisante. Mais
dans le cas où elle serait au-dessous du
cinquième, et qu'il se serait présenté postérieurement un autre soumissionnaire pour
le même objet qui aurait fait la consignation
prescrite

prescrite du quart au moins, celui-ci ob-
tiendra la préférence de l'adjudication.

Les soumissions seront faites d'après le modèle annexé à la présente, elles pourront com-
prendre un ou plusieurs objets d'acquisition :
mais on formera autant de lots particuliers
d'évaluation ou d'estimation, qu'il y aura
de corps de fermes ou de métairies ; et
toutes les fois qu'il y aura des sous-baux,
on formera un lot particulier des objets
compris dans chaque sous-bail, et celui-ci
servira de base à l'évaluation de ce qu'il
comprendra. (A)

Dans les cas où il n'y a point de baux,
les lois précédentes recommandaient aux
corps administratifs de diviser, autant que
la nature des objets pouvaient le permet-
tre. On pourra donc faire des soumissions
pour de médiocres portions des domaines
qui ne sont pas affermés, et ces soumissions
ne pourront être rejettées qu'autant que les
corps administratifs trouveraient que le corps.

D

de la propriété en serait dénaturé, et que l'intérêt de la nation serait évidemment compromis, si elles étaient admises.

§. I I I.

Les principales obligations de l'administration de département commencent au moment où le porteur de mandats se présente pour faire sa soumission; il sera tenu par chaque administration un registre pour l'enregistrement des soumissions, et ce registre sera coté et paraphé et formé suivant le modèle annexé au présent (B).

Les soumissions seront reçues et enregistrées dans l'ordre que se présenteront les porteurs de mandats avec leur quittance de consignation. Il n'en sera reçu que trois jours après la publication de la présente instruction au chef-lieu de département.

Les soumissions faites auparavant seront regardées comme non-avenues.

Lorsque le même jour plusieurs soumissionnaires se seront présentés, et auront fait des consignations pour le même objet, le sort décidera de la préférence entre eux.

Lorsqu'un soumissionnaire se présentera pour plusieurs objets, il sera tenu de diviser et spécialiser sa consignation sur chaque corps de ferme, ou sous-ferme, ou métairie.

Aussi-tôt que la soumission sera enregistrée, l'administration s'occupera des moyens de fixer le prix de l'objet soumissionné.

Le prix du bail se compose de tout ce que le fermier s'est obligé de fournir, de faire ou d'acquitter, de quelque nature que soit l'obligation, dès qu'elle était onéreuse au fermier. S'il doit des grains, on doit les évaluer d'après le prix qu'ils valaient en 1790; s'il est obligé à d'autres redevances, on doit de même en fixer le prix de 1790, ou d'après les mercuriales, pour ce qui s'y trouve apprécié, ou d'après une estimation d'experts pour les autres objets, et composer du tout le prix du bail sur lequel le capital sera fixé.

On ne doit pas omettre aussi d'ajouter au prix du bail les pots-de-vin payés par les fermiers, et de vérifier avec soin s'il existe des contre-lettres que le fermier n'aurait pas déclarées, parce qu'alors elles doivent, comme les pots-de-vin, être ajoutées au prix du bail.

Enfin il faut aussi ajouter au prix du bail les impositions, charrois, corvées et toutes autres redevances, ainsi que les dîmes, cens et droits féodaux supprimés, etc. dus en 1790, et qui étaient à la charge du fermier.

Les baux existans en 1790 font la base des évaluations pour tous les biens qui s'y trouvent compris, de quelque classe qu'ils soient ; s'il n'y a point de baux, les biens ruraux sont évalués d'après la contribution foncière, et les moulins, maisons et usines sont estimés.

Dans le cas où il n'est pas besoin du ministère d'experts, l'administration doit s'occuper, dans le plus court délai, de fixer le prix de l'objet soumissionné ; et dans tout autre cas, elle doit accélérer le travail des experts.

Si un même bail comprend des biens des deux classes, il faudra faire procéder par experts à une ventilation ou estimation des objets affermés confusément, pour, d'après la fixation du prix de chaque classe, former le capital de chaque portion suivant la classe à laquelle elle appartient.

A défaut de bail authentique en 1790, la contribution doit servir de base d'évaluation pour les biens ruraux ; mais il faut que le rôle ou la matrice du rôle ne confondent pas des biens non compris dans une même soumission ; sans quoi on serait réduit à l'estimation par experts.

L'évaluation prescrite d'après la contribution de 1793 doit avoir pour base la totalité de cette contribution, tant en principal que sous additionnels.

Si le préposé de l'enregistrement reconnaît que la contribution foncière est inférieure à la proportion légale, il pourra réclamer l'estimation du domaine soumissionné, et l'administration pourra l'ordonner.

Dans tous les cas d'évaluation sur la contribution foncière, ou d'estimation par experts faute de baux authentiques, s'il se trouve des baux sous seing-privé, ou emphytéotiques, quoiqu'ils ne doivent pas servir de base aux évaluations, les évaluations sur la contribution foncière, ou les estimations d'experts, ne pourront être inférieures à celles qui auraient eu pour base les baux sous seing-privé ou les baux emphytéotiques ; elles ne pourront aussi dans aucun cas être inférieures aux estimations qui ont été faites précédemment.

La contribution foncière ne peut servir de base pour l'évaluation des maisons, moulins et usines ; ainsi, lors même que la contribution foncière sert de base à l'évaluation d'une ferme, les bâtimens doivent en être estimés et le prix ajouté au montant de l'évaluation.

Tous les bois, tant de futaie que baliveaux sur taillis, ne pouvant être considérés comme faisant partie des biens affermés, ni être évalués sur la contribution foncière, parce qu'ils ne produisent pas un revenu annuel, seront estimés en fonds et superficie.

Les taillis le seront de même toutes les fois qu'ils ne seront pas compris dans un bail qui en donne la coupe au fermier ; en ce dernier cas, il sera seulement procédé à l'estimation des baliveaux et arbres de réserve, dont le prix sera ajouté au prix du bail.

Dans tous les cas d'estimation par experts, elle ne pourra être inférieure au

capital que fournirait l'évaluation d'après
la contribution foncière.

Les cheptels, semences, et autres avan-
ces faites aux colons par les propriétaires,
seront toujours estimés et leur valeur payée
en sus des autres objets compris dans la
soumission.

Les bois au-dessous de 300 arpens doivent être à la distance de plus de mille
toises des forêts, pour ne pas être censés
en faire partie.

Les biens qui dépendront de quelque
maison ou bâtimens y attenant ou servant
à leur exploitation, ne pourront être
vendus qu'avec lesdites maisons ou bâtimens, toutes les fois que la vente séparée
pourrait nuire à l'intérêt de la république.

-L'administration de département appel-
lera le directeur des domaines pour assister
et donner ses renseignemens lors du ré-
glement d'évaluation du prix des biens
soumissionnés ; il sera tenu d'y assister,

ou d'y faire assister un autre préposé qui signera le procès-verbal que rédigera l'administration de département. Le procès-verbal sera fait d'après le modèle annexé au présent (C).

S'il faut procéder à une estimation d'experts ; l'un est nommé par le soumissionnaire, l'autre par l'administration ; et en cas de partage entre eux, l'administration nomme un tiers. On ne prescrit dans le choix aucune condition ; il suffit qu'ils méritent la confiance. Ils ne sont assujettis à aucun serment ; mais avant de commencer leurs opérations, ils se rendront chez le commissaire du directoire près la municipalité de la situation des des biens et lui exhiberont leur commission.

Ledit commissaire et les experts se transporteront ensuite sur le bien, constateront sa situation, sa consistance, fixeront le revenu de ce bien en 1790, et le capital sera formé en multipliant ce revenu par 22 ou par 18, suivant la nature des biens. Ils dresseront procès-verbal d'après le modèle annexé au présent. (D)

Les vacations des experts seront réglées par l'administration du département, et payées sur les deniers consignés par le soumissionnaire. Il sera alloué au commissaire la moitié de la vacation d'un expert, laquelle lui sera payée de même.

Les experts recevront leurs commissions du département, et seront tenus de commencer leurs opérations dans la décade, et de les continuer sans interruption, et de les terminer au plus tard dans le mois, sauf, en cas de maladie, demander leur remplacement: faute à eux de se conformer à cette disposition, il sera nommé d'autres experts et les premiers ne pourront plus être nommés pour remplir ces fonctions, et ne pourront demander aucun salaire pour les opérations qu'ils auraient commencées.

Toutes les fois que l'administration décidera que l'objet soumissionné n'est pas
susceptible d'être aliéné, la somme con-
signée par le soumissionnaire lui sera resti-
tuée de suite sans frais. Cette restitution
sera faite de même dans tous les cas où
l'administration de département rejettera
une soumission.

Les administrations de département seront tenues de prononcer sur le rejet ou l'ad-
mission des soumissions dans la décade au
plus tard de leur date. Elles ne pourront
admettre une nouvelle soumission sur les
objets sur lesquels elles en auront rejetté
une première, qu'autant que leur décision
serait réformée par l'autorité supérieure.
la première soumission aura son effet, et
à défaut par le soumissionnaire de la remplir, il en pourra être recu une secoude.

S'il éta't possible que des administrations
négligeassent de remplir avec activité et
avec zèle les fonctions qui leur sont délé-

D 6

guées, elles seront responsables du retard
et des indemnités qui pourront être dues
aux soumissionnaires.

§. IV.

L'évaluation réglée par l'administration
de département, ou l'estimation terminée
par les experts, le procès-verbal de ré-
glement servira de base à l'acte de vente
qui sera passé dans la forme ordinaire entre
l'administration du département et le soumissionnaire, d'après le modèle annexé
au présent (E).

L'acquéreur paiera en sus du prix fixé
par le procès-verbal d'évaluation ou d'estimation, tous les frais faits, lesquels seront
composés, 1°. des vacations d'experts et
commissaire, papiers et enregistrement des
procès-verbaux, et enregistrement des actes
de vente; 2°. d'un demi pour cent du
montant du prix principal, dont deux
tiers seront employés en indemnité au pro-

fit tant des administrateurs que du commissaire du Directoire exécutif et du directeur ou préposé de la régie présent, et l'autre tiers en salaire et gratifications aux secrétaires et commis de l'administration.

Les préposés à la recette des domaines nationaux sont chargés de suivre les recouvremens du prix des ventes, qui ne pourra être fait qu'en mandats ou promesses de mandats.

Les adjudicataires qui ne paieront pas le prix de leurs acquisitions aux époques fixées par leur contrat, en seront déchus, sans aucune formalité; le contrat est déclaré non-avenu, et la restitution des sommes par eux payées ne leur sera faite, qu'après avoir vérifié s'ils n'ont point détérioré les biens, et à la déduction de tous les frais et d'une amende d'un vingtième du prix principal de l'adjudication, outre les dommages et intérêts qui pourraient résulter des dégradations.

Les receveurs des domaines nationaux ne pourront annuller les mandats ou promesses de mandats avant le contrat de vente; ils seront tenus d'annuller à cette époque tout ce qui formait le prix de l'adjudication, et les feront passer à la trésorerie, qui les fera brûler dans la forme ordinaire.

Tous les primidis de chaque décade, le commissaire du pouvoir exécutif auprès de chaque administration de département enverra au ministre des finances l'état des soumissions et des ventes, et des sommes payées à compte ou pour solde.

Le conseil des Cinq - Cents après avoir reconnu l'"urgence, prend la résolution suivante :

La présente instruction sera observée suivant sa forme et teneur.

Signé DOULCET, *président ;*

LEMERER, SAVARY, *secrétaires.*

Après une seconde lecture, le conseil des Anciens approuve la résolution ci-dessus, le 6 floréal, an 4. *Signé* Lecoulteulx, *présil.* Lacoste, Maragon, Yzabeau, *secrétaires.*

MODELE A.

Soumission d'acquérir. No.   (a).

Du   an IV de la
République française, une et indivisible.

Devant nous administrateurs du directoire du département de
en présence du commissaire du Directoire exécutif :

Est comparu (*mettre les nom , prénom, qualité et demeure du comparant*), lequel pour lui et en son nom, (*ou s'il agit pour autrui*) lequel pour et au nom de (*mettre les nom, prénom, qualité et demeure du constituant*) en vertu de sa procuration du.... (*mettre la date de la procuration, le nom du notaire qui l'a reçue ; énoncer si elle est en minute, en*

(a) Ces soumissions seront enregistrées sur un registre établi à cet effet, coté et paraphé par le président de l'administration du département.

brevet, ou sous signature-privée , et la date de l'enregistrement), laquelle est demeurée déposée au secrétariat du département, et annexée à la présente, après avoir été dudit comparant certifiée et signée *ne varietur*, en présence desdits administrateurs.

A déclaré se soumettre d'acquérir de la République française, conformément à la loi du 28 ventôse dernier, savoir: (*énoncer par nature, contenance et situation, le domaine et les différentes parties de domaines nationaux à acquérir*): a requis l'administration de lui en passer contrat de vente, sur le prix de l'estimation qui en sera faite, conformément à la loi.

(*Dans le cas où il y aurait lieu à une estimation par experts*) a nommé pour son expert le citoyen (*mettre les nom, prénom, qualité et demeure de l'expert*) pour procéder à celui nommé par l'administration du département.

S'est obligé de payer le prix de ladite vente en mandats territoriaux créés par la loi du 28 ventôse dernier, ou en promesses de mandats, savoir : moitié dans la première décade du jour du contrat de vente, et l'autre moitié dans les trois mois sous l'hypothèque spéciale et privilégiée des biens compris en ladite vente et généralement de tous ses biens meubles et immeubles présens et à venir.

En déduction duquel prix il a consigné, entre les mains du receveur des domaines nationaux, résidant en cette ville, la somme de..... qu'il a déclaré devoir être le quart au moins du prix présumé du domaine sus-désigné, dont il a représenté la quittance en date du

Et a ledit citoyen... comparant signé avec le commissaire du directoire exécutif, nous et notre secrétaire, après lecture faite (b).

(b) Il sera délivré sans frais au soumissionnaire par le secrétaire de l'administration expédition de la soumission, et à la suite de la procuration en vertu de laquelle il aurait agi.

Aussitôt cette soumission reçue, si l'administration du département n'a pas les titres qui constatent la propriété, la nature, la quotité et la situation du domaine soumissionné, les baux existans en 1790, la cotisation de ce domaine au rôle de la contribution foncière de de 1793, l'estimation par experts qui a déjà pu être faite de ce bien, elle écrira, tant à l'administration municipale de la situation de ce bien, qu'au receveur du droit d'enregistrement, pour avoir ces pièces, et, à défaut, les renseignemens qui peuvent y suppléer.

MODÈLE B.

Registre servant à l'enregistrement des soumissions en exécution de la loi du 28 ventôse de l'an quatrième, contenant   feuillets cotés et paraphés par nous   président de l'administration du département.

Nos. des soumissions.	SOUMISSIONS		DÉSIGNATION DES BIENS SOUMISSIONNÉS			BAUX ÉXISTANS EN 1790		
	Noms, prénoms et demeures des soumissionnaires	DATES des soumissions.	NATURE et quotité du Domaine.	COMMUNE de la situation.	Établissement supprimé, ou individu dont il provient.	Nom et demeure du Notaire.	DATES.	PRIX.

OBSER VA TIONS.			
Date de la vente.			
ÉVALUATION SUR LE PIED DE 1790.	EN CAP.	Capital.	
	EN REVENU.	D'après l'estimation.	
		D'après la contribution.	
		D'après le bail.	
EXPERTS.		Dates du dépôt de leur procès-verbal.	
		Celui de l'administration et tiers exp.	
		Celui du soumissionnaire.	
Montant de la contribution foncière de 1793.			

MODÈLE C.

Première espèce.

EVALUATION SUR LES BAUX

Du

L'administration du département de présent le citoyen......., directeur ou préposé de l'enregistrement, s'étant fait représenter la soumission faite par le citoyen ___ le ___ enregistrée no. ___ d'acquérir, conformément à la loi du 28 ventôse dernier, un domaine national situé en la commune de ___ dépendant de ___ vu les titres, baux et renseignemens recueillis par l'administration, ___ desquel il résulte :

1°. Que les biens soumissionnés par le citoyen ___ consistent en ___

(établir la nature, quotité et situation du domaine)

2°. Que ces biens appartiennent à la République comme provenant de

(*établir la propriété de la République : si le domaine provient d'un établissement supprimé, citer la loi de suppression, et qui a déclaré ces biens nationaux ; s'il provient d'un émigré, la loi qui a confisqué ses biens, son inscription sur la liste des émigrés, et le séquestre mis sur ses biens ; de même s'il provient d'un condamné dont la confiscation ait été maintenue*).

3°. Que d'après le bail de ces biens existant en 1790, fait par

au profit de   cultivateur à

                    devant

notaire à   le

moyennant   de prix principal de

fermage   et aux charges de

(*exprimer toutes les charges et en fixer le prix, soit d'apres les apperçus, soit d'après estimation d'experts*), pour

années commencées le   pour
finir le

Le revenu de ce domaine en 1990 était
de la somme de   à quoi ajoutant
1°. la vingt-deuxième partie de la valeur
principale des bois de futaie et baliveaux
sur taillis; 2°. pour l'indemnité des impositions, dîmes, cens et droits féodaux
supprimés, la somme de

Total

Qui multiplié par 22 (par 18, *si ce
sont des biens désignés en l'art. 6 de la
loi*), donne un capital de   ci....

Sur quoi délibérant, l'administration du
département de   après avoir entendu le commissaire du pouvoir excutif:

Considérant que le domaine ci-devant
désigné est bien constamment de la nature
et de l'espèce de ceux dont l'aliénation est
ordonnée par la loi du 28 ventôse dernier
et par l'instruction du corps législatif du

Arrête que, moyennant ladite somme
de   payable dans les termes de la
loi

loi du 2? ventôse dernier, et aux charges,
clauses et conditions imposées par la loi
et instruction aux acquéreurs de biens nationaux, l'acte de vente en sera passé par
cette administration, pour et au nom de
la République française, au citoyen
soumissionnaire, et qu'il sera tenu de se
présenter par lui, ou par fondé de pouvoir
dans la décade, pour accepter ledit contrat ; à l'effet de quoi expédition de la
présente délibération lui sera remise sous
son récépissé ; et, à défaut de se rendre
dans la décade, il sera déchu de sa soumission.

Nota. S'il n'y avait pas de bail existant
en 1790, ou si l'objet n'était pas loué
par un prix séparé, il faut fixer la valeur en revenu net, par quatre fois le
montant en principal et sous additionnels de la contribution foncière de 1793,
suivant l'article 5 de la loi du 28 ventôse dernier, s'il s'agit de biens ruraux

E

désignés dans cet article, et alors reprendre la délibération au n°. 3, et continuer ainsi :

Seconde espece.

Évaluation sur la contribution.

3°. Qu'il n'y avait pas de bail existant en 1790, ou que le bail n'était pas authentique, ce domaine étant exploité par

(*énoncer l'établissement supprimé , ou l'individu qui le faisait valoir, ou l'usage public, ou nul , ou il était abandonné*).

Sur quoi délibérant l'administration du département de   après avoir entendu le commissaire du pouvoir exécutif

Considérant que le domaine ci-devant désigné est bien constamment de la nature et de l'espèce de ceux dont l'aliénation est ordonnée par la loi du 28 ventôse dernier et par l'instruction du corps législatif du

Considérant aussi que ce domaine est

de la nature de ceux désignés en l'article
5 de la loi du 28 ventôse dernier, pour
lesquels, à défaut de baux, l'évaluation
doit être faite d'après la contribution fon-
cièrs de 1793, laquelle s'élève, en principal et sous additionnels, à la somme de....

Qui, multipliée par quatre fois, donne
la somme de

Laquelle, multipliée par 22, fait celle
de

Sur quoi délibérant, l'administration du
département de

      après avoir vérifié qu'il n'y
a point de bail sous seing-privé, ni de bail
emphytéotique, dont le fermage présente
une évaluation plus forte ; après avoir entendu le commissaire du pouvoir exécutif:

Considérant, etc.

Nota. S'il résultait d'un bail sous seing-
privé, ou d'un bail emphytéotique, que
l'évaluation faite sur ces baux serait plus
forte que sur la contribution foncière,

E 2

(100)

on prendra ces baux pour règle comme
suit.

Sur quoi délibérant, l'administration du
département de   après avoir
reconnu que le bail sous seing-privé (*ou
emphytéotique*), du   s'élève
à la somme de   à laquelle
ajoutant les autres charges
le revenu dudit bien se trouve être de
qui, multiplié pas 22, donne un capital
de   supérieur à celui produit
par l'évaluation sur la contribution foncière;
et qu'en conséquence le prix dudit bien
doit, aux termes de l'instruction, être fixé
à la somme de

Considérant, etc. (*reprendre la délibération au dernier considérant*):

Nota. S'il s'agit de biens désignés dans
l'article 6 et qu'il n'y ait pas de bail existant en 1790, ou s'il s'agit de bois de
futaie; dans ces cas la délibération se
terminera comme suit.

Troisieme espece.

ESTIMATION PAR EXPERTS.

3°. Qu'il n'y avait point de bail existant en 1690, ce domaine étant exploité
par

(*énoncer l'établissement supprimé, ou*
l'individu qui le faisait valoir, ou l'u-
sage public, ou nul, ou il était abandonné).

Sur quoi délibérant, l'administration du
département de   après avoir
entendu le commissaire du directoire exécutif :

Considérant que le domaine ci-devant
désigné est bien constamment de la nature
et de l'espèce de ceux dont l'aliénation
est ordonnée par la loi du 23 ventôse dernier et par l'instruction du corps législatif
du

Considérant aussi que ce domaine est de
la nature de ceux désignés en l'article 6
de la loi du 23 ventôse, pour lesquels, à

défaut de baux, l'estimation par experts est ordonnée, pour fixer le prix auquel il doit être aliéné, nomme pour son expert le citoyen (*mettre les nom, prénom et demeure de l'expert*), lequel avec le citoyen   expert nommé par le soumissionnaire, procéderont, sur l'indication qui leur en sera donnée par le commissaire du pouvoir exécutif près l'administration municipale de   à l'estimation en revenu et en capital du domaine ci-devant désigné, tant en revenu qu'en capital sur le pied de la valeur de 1790, et du tout dresseront procès-verbal qu'ils signeront avec le commissaire du pouvoir exécutif et le soumissionnaire, s'il est présent, et qu'ils déposeront au bureau de notre administration.

Passé duquel dépôt, le soumissionnaire sera prévenu de se présenter par lui, ou par fondé de pouvoir, dans la décade, pour accepter le contrat, duquel avertis-

sement il donnera un reçu ; et à défaut
de se rendre dans la décade, il sera déchu de sa soumission.

MODÈLE D.

L'an quatrième de la République française, une et indivisible, le   jour
de   nous   expert
nommé par délibération de l'administration du département de   en
date du

(Et   expert nommé par le
citoyen   par sa soumission d'acquérir le bien national ci-après désigné
en date du   à l'effet de procéder
à l'estimation en revenu et en capital sur
le pied de 1790, du domaine national ci-
après désigné :

Nous sommes en conséquence de la commission à nous donnée par l'administration
du département, en date du   trans-
portés en la commune de   (désigner le lieu)   à   heures du

matin   chez   citoyen
commissaire du directoire exécutif (1)
près l'administration municipale de
qui nous a accompagnés sur les lieux et
héritages ci-après désignés. (2)

Et aussi en présence (*ou* en l'absence)
du citoyen   soumissionnaire , ou
après avoir examiné l'état des bâtimens ,
les matières de leur construction, la lon-
gueur, largeur et hauteur desdits bâtimens ,
leur emplacement et distribution , leur clôture et leur accès, et mesuré les terreins
qui en dépendent (3), sommes d'avis

---

(1) Il sera alloué au commissaire, ou agent qui
assistera au procès-verbal , la moitié de la vacation
d'un expert, qui lui sera payée de même sur la consignation.

(2) En cas de maladie ou absence du commissaire,
il sera remplacé par un des officiers municipaux ou
par l'agent de la commune de la situation des biens.

(3) Les experts doivent s'attacher à donner l'i-
dée la plus exacte et la plus nette de l'état des domaines qu'ils estiment ; ce qui résulte moins d'un

que (*désigner l'objet*), valait en 1790,
en revenu annuel la somme de   ci
lequel revenu, multiplié (4)....., fois
d'après la loi, donne   en capital
la somme de   ci

2°.——— (*désigner l'objet ainsi de suite*).

Total en revenu   ci
    et en capital   ci
Dans (5) le cours (6) de nos opérations,
il nous a été observé par le citoyen commissaire du pouvoir exécutif, que
(*mettre les observations du commi-*

------

détail minutieux et d'une mesure rigoureuse de chaque pièce de terre, détail propre à consommer beau-
coup de vacations, que d'une désignation sommaire
et précise.

(4) 22 fois s'il s'agit de biens ruraux, 18 fois s'il
s'agit de maisons, moulins et usines.

(5) Si les experts ne s'accordent pas dans leurs
avis, chacun donnera successivement le sien.

(6) Si les experts ont à estimer des bois de futaie, leurs valeurs dépendront de l'état d'accroisse-
ment auquel ils sont parvenus ; les experts estimeront
ce qu'ils valaient en capital en 1790.

E 5

saire du directoire exécutif, et dire si les experts y ont eu ou n'y ont pas eu égard dans leur estimation, les motifs qui les ont fait admettre ou rejetter : s'il y a eu des réponses de la part du soumissionnaire, en faire également mention).

Il nous à pareillement été observé par le citoyen   soumissionnaire que

(mettre également ses observations, et se conduire comme sur celles du commissaire du directoire exécutif.

Et de tout ce que dessus, nous avons fait et rédigé le présent notre procès-verbal, que nous affirmons sincère et véritable en notre ame et conscience, après avoir opéré pendant   jours ; et a le commissaire du Directoire exécutif, et le citoyen   soumissionnaire (s'il est présent, le faire signer), signé avec nous après lecture faite. (7)

____

(.7) Les experts feront enregistrer le procès-verbal dans les trois jours de sa date, et il ne sera perçu qu'un droit fixe de   après quoi le procès-verbal sera déposé à l'administration de département.

MODÉLE E.

Du

Nous administrateurs du département de   pour et au nom de la République française, et en vertu de la loi du 28 ventôse dernier, en présence et du consentement du commissaire du directoire exécutif, avons, par ces présentes, vendu et délaissé dès maintenant et pour toujours,

Au citoyen (*mettre les nom, prénom, qualité et demeure de l'acquéreur*) à ce présent, et acceptant pour lui et ses héritiers ou ayant cause, les domaines nationaux dont la désignation suit :

Nota. Si l'acquéreur est représenté par un fondé de pouvoir, énoncer la procuration, qui, pour ce dernier acte, doit être notariée.

1°. (*établir la nature, qualité et situation du domaine, ses tenans et aboutissans.*)

(103)

2°. (etc.)

Lesdits biens dépendans de

*(établir la propriété de la République :
si le domaine provient d'un établissement supprimé, citer la loi de suppression, etc. comme dans la délibération
modele C.)*

et affermés pour   années, qui on
commencé par la récolte de 17   au
citoyen   cultivateur à   par
bail devant   notaire à .
le   moyennant la somme de

Et pour l'indemnité de la suppression
des impositions, dîmes et droits feodaux,
celle du total en revenu, la somme de

*(si ces biens n'étaient pas affermés
par bail existant en 1790, au lieu de
cette clause, il faut mettre celle-ci.*
Lesdits biens exploités en 1790 par

*(énoncer l'établissement ou l'individu
dont ils proviennent, qui les faisait valoir), (ou bien)*

(109)

Lesdits biens exploités par   cultivateur à   mais sans bail dont l'exis-
tence fût certaine, et imposés au rôle de
la contribution foncière de la commune
de   pour l'année 1793, à la somme
de

(s'il s'agit de maison et ustne pour
lesquelles il n'y avait pas de bail exis-
tant en 1790)

Lesdits biens évalués, conformément à
l'article 8 de la loi du 28 ventôse, par le
procès-verbal d'estimation du
des citoyens   expert nommé
par l'acquéreur par sa soumission du
et   expert nommé par délibération du département du   en
revenu net à la somme de   ci
et en capital celle de   ci
Lesdits biens sont vendus francs de toutes
dettes, rentes foncières, constituées ou hy-
pothéqnées, et de toutes charges et redevances quelconques,   pour

par l'acquéreur entrer en propriété , possession et jouissance à compter de ce jour les fermages de la récolte de l'an quatrième devant être partagés suivant la loi, et ceux des récoltes précédentes , à quelques époques que les termes en soient ou doivent échoir, restant réservés à la nation.

A la charge par l'acquéreur :

1º. De laisser jouir ledit fermier actuel des biens pendant le temps qu'il en a le droit conformément à son bail, si mieux il n'aime l'évincer en se conformant aux lois existantes sur cette matière:

Nota. S'il n'y a pas de bail, cette clause est inutile.

2º. De prendre lesdits biens dans l'état où ils sont, sans pouvoir par lui exiger aucune indemnité pour défaut de mesure, dégradations ou détérioration quelconques, sinon contre le fermier, ainsi qu'aurait pu le faire la nation elle-même, aux droits

de laquelle il est subrogé ; mais sans aucun recours à cet égard contre la République venderesse :

3°. De ne pouvoir exiger d'autres titres
de propriété que ceux qui pourront lui
être remis amiablement, pareillement sans
aucun recours contre la République venderesse, pour raison desdits titres, ou pour
erreur dans les tenans et aboutissans, mesure et contenances énoncés en la présente
vente, lesdits biens étant vendus tels qu'en
ont joui ou dû jouir les précédens fermiers
ou ceux dont ils proviennent :

4°. De payer 1°. les vacations d'experts
et commissaire, papier et enregistrement
des procès-verbaux et l'enregistrement de
la présente vente ; 2°. un demi pour cent
du montant du prix principal.

Cette vente est faite, outre lesdites charges et conditions, moyennant la somme
de   calculée conformément à l'article 5 de la loi du 28 ventôse dernier,
(ou bien, si c'est une maison ou usine,

à l'article 6 de la loi du 28 ventôse dernier), que l'acquéreur promet et s'oblige, sous hypothèque spéciale et privilégiée des biens, meubles et immeubles, présens et à venir, payer à la république, entre les mains du receveur des domaines nationaux de   en mandats territóriaux ou promesses de mandats ; savoir , moitié dans la décade de ce jour, et l'autre moitié dans les trois mois.

LOI concernant la confection des mandats territoriaux.

Du 7 Floréal, an 4.

Le Conseil des Anciens , adoptant les motifs de la Déclaration d'urgence qui précède la résolution ci-après, approuve l'acte d'urgence.

Suit la teneur de la Déclaration d'urgence et de la résolution du 2 Floréal.

Le Conseil des Cinqs-Cents , considé-

rant qu'il importe d'accélérer la confection des mandats pour faire jouir promptement les citoyens des avantages qu'on
doit s'en promettre;

Considérant la nécessité de prévenir
toute espèce d'abus dans cette importante
opération,

Déclare qu'il y a urgence.

Le Conseil, après avoir déclaré l'urgence, prend la résolution suivante.

ARTICLE PREMIER.

Les deux milliards quatre cent millions
de mandats créés par la loi du 28 ventôse
dernier, seront composés comme suit :

En mandats de 500 francs, 700,000,000.
En mandats de 100 ... 500
En mandats de 50 ... 400
En mandats de 20 ... 300
En mandats de 5 ... 300
En mandats de 1 ... 200

Total .... 2,400000,000 liv.

Le texte des mandats sera formé des mots *mandat territorial* de .... francs, créé par la loi du 20 ventôse, an 4 de la république.

I I. *Première partie. Fabrication du papier.*

Le ministre des finances, sous les ordres du directoire exécutif, surveillera et activera la fabrication des mandats, les commissaires qui y seront préposés, et passera tout marché et convention avec les fabricans et artistes.

I I I. Le papier, pour la confection des mandats, sera d'une nature facile à le distinguer de tous les autres papiers, et il ne sera fabriqué que dans une seule manufacture.

I V. Les formes pour sa fabrication seront faites sous la surveillance du commissaire à la confection des mandats, et ne pourra être terminée qu'en présence de l'archiviste du Corps législatif et des commissaires de la trésorerie nationale; il en sera dressé procès-berbal, et elles seront enveloppées, ficelées et cachetées, et remises ou expédiées au commissaire près la papeterie.

V. Le directoire exécutif nommera un commissaire pour la surveillance de la fabrication du papier, et ce commissaire tiendra un registre sur lequel sera constaté jour par jour la quantité de rames qui auront été fabriquées, relevées, préparées et refondues.

VI. Le commissaire tiendra aussi un journal général de toutes les opérations de sa papeterie, la fabrication, le collage, la préparation, la refonte des feuilles viciées, et autres procédés y seront relatés jour par jour.

VII. Le commissaire tiendra un registre particulier pour l'expédition et l'envoi du papier aux archives du Corps législatif.

VIII. Les ouvriers qui seront employés à la fabrication du papier mandat, contracteront avec le fabricant l'engagement de ne sortir de la fabrique qu'après l'entière fabrication du papier. Il leur sera accordé à la fin du travail une gratification d'après le compte qu'en rendront le fabricant et le commissaire.

I X. L'ouvrier qui s'évadera avant la fin de sa fabrication, sera poursuivi et mis en état d'arrestation, jusqu'à l'expiration de son engagement.

X. Quiconque détournera dans la fabrique une feuille de papier mandat, sera puni, par voie de police correctionnelle, de deux ans de détention; et celui qui introduira dans les atteliers de fabrication des compagnons étrangers ou voyageurs, connus sous le nom de *pays consans*, sera puni de six mois de prison.

X I. *Seconde partie. Envoi à dépôt.*

Les papiers fabriqués seront, à fur et

à mesure de leur préparation, envoyés, cordés et cachetés par les commissaires près la papeterie, aux archives du Corps législatif, pour y être déposés.

XII. Il sera, en conséquence, préposé par l'archiviste un commis pour recevoir lesdits dépôts dans le local qui y sera destiné : il en sera dressé procès-verbal en double, tant sur le registre tenu à cet effet aux archives, que sur celui tenu par les commissaires à la papeterie.

XIII. *Troisième partie. Confection des mandats.*

Il sera nommé par le directoire exécutif un commissaire à la confection des mandats, chargé de faire imprimer et timbrer le papier mandat, et de diriger et surveiller, sous les ordres du ministre des finances, tous les travaux y relatifs.

XIV. Ce commissaire se transportera aux archives nationales toutes les fois que

l'ordre de son travail lui rendra le papier
nécessaire ; il y sera procédé, en sa présence et celle du commissaire de la trésorerie nationale qui y sera appellé, ainsi
que du préposé par l'archiviste, au comptage du papier qui lui sera délivré. L'acte
en sera rédigé en triple, sur trois registres
à deux colonnes ; il contiendra le nombre
des feuilles délivrées, et pour quelle coupure de mandats, et la date du jour ; il
sera signé de l'archiviste, du commissaire
de la trésorerie et de celui à la confection
des mandats : chacun d'eux aura son registre.

X V. La colonne laissée en blanc sera
réservée pour dresser procès - verbal des
feuilles défaites ou fautées, tant aux im-
primeries qu'aux timbres, que le commissaire à la confection sera tenu de rapporter
chaque décade aux archives, et dont il
sera dressé procès-verbal dans la même
forme que celle prescrite par l'article pré-

cédent, à côté du procès-verbal de délivrance.

XVI. Le commissaire à la confection des mandats, déposera chaque jour à la trésorérie nationale les feuilles propres à être mises en circulation. Il en sera fait un comptage contradictoire entre ce commissaire et les commissaires de la trésorerie nationale, et rapporté procès-verbal en double, sur deux registres tenus à cet effet.

XVII. Les commissaires de la trésorerie nationale remettront, dans les vingt-quatre heures de sa date, copie de chaque procès-verbal aux archives du Corps législatif, pour être annexé au registre de remise du papier.

XVIII. Le commissaire à la confection des mandats, ne sera déchargé des feuilles à lui remises aux archives, qu'autant que les versemens par lui faits à la trésorerie nationale et les rapports faits aux archives, égaleront la somme du chargement.

XIX. A mesure que la confection des mandats d'une coupure sera déterminée, il en sera rédigé procès-verbal aux archives du Corps législatif, par l'archiviste, les commissaires de la trésorerie nationale et le commissaire à la confection des mandats, sur leurs registres respectifs et les papiers sautés, défaits, ou bouts de série de cette coupure, restitués aux archives, seront ensuite brûlés dans la forme ordinaire.

XX. Les poinçons, matrices, ou autre pièce servant immédiatement soit à la multiplication, soit à l'application des signes caractéristiques du mandat, ne seront exécutés, frappés ni fondu que sous les yeux du commissaire à la confection, et dans le local qui lui aura été destiné.

XXI. Aucune pièce servant à la multiplication des signes ne sera terminée par les graveurs et trempée, si elle est d'acier, qu'en présence de l'archiviste et des commissaires de la trésorerie nationale. Il en

sera

sera dressé procès-verbal; et chaque pièce ainsi rendue parfaite, sera cachetée du sceau national.

XXII. Si cette pièce est un poinçon original, elle sera portée de suite aux archives de la république: elle y sera reçue par procès-verbal, signé de l'archiviste, des commissaires de la trésorerie nationale, et de celui à la confection des mandats; et toutes les fois qu'on aura besoin d'en faire usage, il en sera de même dressé procès-verbal de sa sortie.

XXIII. Il ne sera frappé aucune matrice, il ne sera multiplié aucun élément de fabrication sans l'aveu des mêmes commissaires, et sans un procès-verbal de leur part.

XXIV. Ils rapporteront procès-verbal du nombre des contre-épreuves qui auront été frappées ou multipliées pour chaque poinçon original, et ils apposeront leur sceau sur chaque contre épreuve.

XXV. Les cachets posés sur chaque

F

contre-épreuve ou matrices, ne pourront être levés qu'en présence des mêmes commissaires qui assisteront à la multiplication des signes, et dresseront procès-verbal de la quantité que l'on aura frappée, fondue ou polytypée.

XXVI. Aussi-tôt que la confection d'une coupure de mandats sera terminée, tous les poinçons et matrices qui auront servi à la fabrication seront déposés aux archives, et il en sera dressé procès-verbal, en double, sur les registres tenus par l'archiviste et par le commissaire à la confection.

XXVII. Les lois faites contre les ouvriers et employés à la fabrication des assignats, qui se seraient écarté de leur devoir, auront leur application contre les employés et ouvriers à la fabrication des mandats qui ne rempliraient pas leurs obligations.

La présente résolution sera imprimée,

et portée par un messager d'état au conseil des Anciens.

Signé CRASSOUS (de l'Hérault), président, BION, DUPRAT, secrétaires.

Après une seconde lecture, le conseil des Anciens approuve la résolution ci-dessus. le 7 floréal , an IV de la République Française.

Signé LECOUTEULX - CANTELEU , président, MARAGON, YZABEAU , LACOSTE , secrétaires.

L O I portant qu'il sera fait deux timbres secs pour servir de type aux mandats territoriaux.

Du 6 Floréal.

Le conseil des Anciens, adoptant les motifs de la déclaration d'urgence qui précède la résolution ci-après, approuve l'acte d'urgence.

Suit la teneur de la Déclaration d'urgence et de la résolution du 5 Floréal.

Le Conseil des Cinq-Cents, sur le rapport de la commission des finances ;

Considérant que ce n'est pas assez d'avoir déterminé le texte que porteront les mandats territoriaux, mais qu'il convient encore d'en déterminer le type,

Déclare qu'il y a urgence.

Le Conseil après avoir déclaré l'urgence, prend la résolution suivante :

ARTICLE PREMIER.

Il sera fait deux timbres secs pour servir de type aux mandats territoriaux.

II. Le premier timbre représentera un citoyen recevant la monnaie républicaine des mains de Minerve, éteignant sous ses pieds le flambeau de la discorde.

Le second, Cérès associant à ses travaux un citoyen qui vient échanger la monnaie républicaine contre une propriété rurale.

III. Le ministre des finances, sous les ordres du Directoire exécutif, fera exécuter les timbres.

IV. Les deux timbres seront appliqués sur les mandats de 500 francs, et un seul sur les autres coupures.

La présente résolution sera imprimée ; et elle sera portée au conseil des Anciens par un messager d'état.

Signé CRASSOUS (de l'Hérault), *président,* BION, DUPRAT, *secrét.*

Après une seconde lecture, le conseil des Anciens approuve la résolution ci-dessus. Le 6 floréal, an IV de la République française.

Signé LECOUTEULX − CANTELEU, *président,* MARAGON, YZABEAU, LACOSTE, *secrétaires.*

F 3

BARÈME DU JOUR,

OU

TABLEAU

DE LA VALEUR DES ASSIGNATS

A 10 ET 30 CAPITAUX POUR UN,

SUIVI de seize tables de réduction à leur valeur réelle de toutes les obligations et transactions contractées en assignats depuis 1792.

TABLEAU de la valeur des assignats comparés aux Mandats.

A DIX CAPITAUX POUR UN, L'ASSIGNAT de

	l.	s.	d.
10ˡ. vaut	1	1	
15		1	6
25		2	6
50		5	

A TRENTE CAPITAUX POUR UN, L'ASSIGNAT de

	l.	s.	d.
5ˡ. vaut	1	3	4
10		6	8
15		10	
20		13	4
25		16	8
30	1		
35	1	3	4
40	1	6	8
45	1	10	
50	1	13	4
55	1	16	8
60	2		
65	2	3	4
70	2	6	8
75	2	10	
80	2	13	4
85	2	16	8
90	3		

	£	s	d
95 l. vaut	3 l.	3 s.	4 d.
100	3	6	8
200	6	13	4
300	10		
400	13	6	8
500	16	13	4
600	20		
700	23	6	8
800	26	13	4
900	30		
1,000	33	6	8
2,000	66	13	4
3,000	100		
4,000	133	6	8
5,000	166	13	4
6,000	200		
7,000	233	6	8
8,000	266	13	4
9,000	300		
10,000	333	6	8
20,000	666	13	4
30,000	1,000		
40,000	1,333	6	8
50,000	1,666	13	4
60,000	2,000		
70,000	2,333	6	8
80,000	2,666	13	4
90,000	3,000		
100,000	3,333	6	8
200,000	6,666	13	4

300,000 l. vaut 10,000 l. . . . . l. . . . . . d.
400,000 . . . . 13,333 . . . . 6 8
500,000 . . . . 16,666 . . . . . . 13 4
600,000 . . . . 20,000 . . . .
700,000 . . . . 23,333 . . . . 6 8
800,000 . . . . 26,666 . . . . . . 13 4
900,000 . . . . 30,000 . . . .
1,000,000 . . . . 33,333 . . . . 6 . . . . . .

T A B L E A U de la valeur des Man-dats comparés aux assignats.

A TRENTE CAPITAUX POUR UN,
LE MANDAT DE

1 s. vaut 1 l. . . . . 10 s.	14 s. vaut 22 l. . . . . s.
2 . . . . . 3	15 . . . . . 22 10
3 . . . . . 4 10	16 . . . . . 24 . . . . .
4 . . . . . 6	17 . . . . . 25 10
5 . . . . . 7 10	18 . . . . . 27 . . . . .
6 . . . . . 9	19 . . . . . 28 . . . . .
7 . . . . 10 10	1 l. . . . . 30 . . . . .
8 . . . . 12	2 . . . . . 60 . . . . .
9 . . . . 13 10	3 . . . . . 90 . . . . .
10 . . . . 15	4 . . . . 120 . . . . .
11 . . . . 16	5 . . . . 150 . . . . .
12 . . . . 18	6 . . . . 180 . . . . .
13 . . . . 19 01	7 . . . . 210 . . . . .

8l. vaut	240	38l. vaut	1140
9	270	39	1170
10	300	40	1200
11	330	41	1230
12	360	42	1260
13	390	43	1290
14	420	44	1320
15	450	45	1350
16	480	46	1380
17	510	47	1410
18	540	48	1440
19	570	49	1470
20	600	50	1500
21	630	51	1530
22	660	52	1560
23	690	53	1590
24	720	54	1620
25	750	55	1650
26	780	56	1680
27	810	57	1710
28	840	58	1740
29	870	59	1770
30	900	60	1800
31	930	61	1830
32	960	62	1860
33	990	63	1890
34	020	64	1920
35	1050	65	1950
36	1080	66	1980
37	1110	67	2010

F 6

68 l. vaut	...2040	97 l. vaut	..2910
69	...2070	98	..2940
70	...2100	99	..2970
71	...2130	100	..3000
72	...2160	200	..6000
73	...2190	300	..9000
74	...2220	400	..12000
75	...2250	500	..15000
76	...2280	600	..18000
77	...2310	700	..21000
78	...2340	800	..24000
79	...2370	900	..27000
80	...2400	1000	..30000
81	...2430	2000	..60000
82	...2460	3000	..90000
83	...2490	4000	..120000
84	...2520	5000	..150000
85	...2550	6000	..180000
89	...2580	7000	..210000
87	...2610	8000	..240000
88	...2640	9000	..270000
89	...2670	10000	..300000
90	...2700		
91	...2730		
92	...2760		
93	...2790		
94	...2820		
95	...2850		
96	...2880		

OBLIGATIONS RÉDUITES

A 95 pour cent.			A 85 pour cent.		
l.	l.	s.	l.	l.	s.
1 v.		19	1 v.		17
2	1	18	2	1	14
3	2	17	3	2	11
4	3	16	4	3	8
5	4	15	5	4	5
6	5	14	6	5	2
7	6	13	7	5	19
8	7	12	8	6	16
9	8	11	9	7	13
10	9	10	10	8	10
20	19		20	17	
30	28	10	30	25	10
40	38		40	34	
50	47	10	50	42	10
60	57		60	51	
70	66	10	70	59	10
80	76		80	68	
90	85	10	160	75	10
100	95		100	85	
200	190		200	170	
300	285		300	255	
400	380		400	340	
500	475		500	425	
1000	950		1000	850	
5000	4750		5000	4550	
10000	9500		10000	8500	

OBLIGATIONS RÉDUITES

A 75 pour cent.			A 65 pour cent.		
ℓ	ℓ	s	ℓ	ℓ	s
1 v.		15	1 v.		13
2	1	10	2	1	6
3	2	5	3	1	19
4	3		4	2	12
5	3	15	5	3	5
6	4	10	6	3	13
7	5	5	7	4	11
8	6		8	5	4
9	6	15	9	5	17
10	7	10	10	6	10
20	15		20	13	
30	22	10	30	19	10
40	30		40	26	
50	37	10	50	32	10
60	45		60	39	
70	52	10	70	45	10
80	60		80	52	
90	67	10	90	58	10
100	75		100	65	
200	150		200	130	
300	225		300	195	
400	300		400	260	
500	375		500	325	
1000	750		1000	650	
5000	3750		5000	3250	
10000	7500		10000	6500	

OBLIGATIONS RÉDUITES

A 60 pour cent.			A 50 pour cent.		
℔	℔	ſ	℔	℔	ſ
1 v.		12	1 v.		10
2	1	4	2	1	
3	1	16	3	1	10
4	2	8	4	2	
5	3		5	2	10
6	3	12	6	3	
7	4	4	7	3	10
8	4	16	8	4	
9	5	8	9	4	10
10	6		10	5	
20	12		20	10	
30	18		30	15	
40	24		40	20	
50	30		50	25	
60	36		60	30	
70	42		70	35	
80	48		80	40	
90	54		90	45	
100	60		100	50	
200	120		200	100	
300	180		300	150	
400	240		400	200	
500	300		500	250	
1000	600		1000	500	
5000	3000		5000	2500	
10000	6000		10000	5000	

OBLIGATIONS RÉDUITES

A 40 pour cent.			A 30 pour cent.		
	#	s		#	s
1 v.		8	1 v.		6
2		16	2		12
3	1	4	3		18
4	1	12	4	1	4
5	2		5	1	10
6	2	8	6	1	16
7	2	16	7	2	2
8	3	4	8	2	8
9	3	12	9	2	14
10	4		10	3	
20	8		20	6	
30	12		30	9	
40	16		40	12	
50	20		50	15	
60	24		60	18	
70	28		70	21	
80	32		80	24	
90	36		90	27	
100	40		100	30	
200	80		200	60	
300	120		300	90	
400	160		400	120	
500	200		500	150	
1000	400		1000	300	
5000	2000		5000	1500	
10000	4000		10000	3000	

OBLIGATIONS RÉDUITES

A 20 pour cent.			A 15 pour cent.		
#	#	f	#	#	f
1 v.		4	1 v.		3
2		8	2		6
3		12	3		9
4		16	4		12
5	1		5		15
6	1	4	6		18
7	1	8	7	1	1
8	1	12	8	1	4
9	1	16	9	1	7
10	2		10	1	10
20	4		20	3	
30	6		30	4	10
40	8		40	6	
50	10		50	7	10
60	12		60	9	
70	14		70	10	10
80	16		80	12	
90	18		90	13	10
100	20		100	15	
200	40		200	30	
300	60		300	45	
400	80		400	60	
500	100		500	75	
1000	200		1000	150	
5000	1000		5000	750	
10000	2000		10000	1500	

OBLIGATIONS RÉDUITES

A 10 pour cent.			A 8 pour cent.			
#	#	ſ	#	#	ſ	c
1 v.		2	1 v.		1	3
2		4	2		3	1
3		6	3		4	4
4		8	4		6	2
5		10	5		8	
6		12	6		9	3
7		14	7		11	1
8		16	8		12	4
9		18	9		14	2
10	1		10		16	
20	2		20	1	12	
30	3		30	2	8	
40	4		40	3	4	
50	5		50	4		
60	6		60	4	16	
70	7		70	5	12	
80	8		80	6	8	
90	9		90	7	4	
100	10		100	8		
200	20		200	16		
300	30		300	24		
400	40		400	32		
500	50		500	40		
1000	100		1000	80		
5000	500		5000	400		
10000	1000		10000	800		

OBLIGATIONS RÉDUITES

A 6 pour cent.

₶	₶	ſ	c
IV.	‖	1	1
2	‖	2	2
3	‖	3	3
4	‖	4	4
5	‖	6	‖
6	‖	7	1
7	‖	8	2
8	‖	9	3
9	‖	10	4
10	‖	12	‖
20	1	4	‖
30	1	16	‖
40	2	8	‖
50	3	‖	‖
60	3	12	‖
70	4	4	‖
80	4	16	‖
90	5	8	‖
100	6		
200	12		
300	18		
400	24		
500	30		
1000	60		
5000	300		
10000	600		

A 4 pour cent.

₶	₶	ſ	c
1	‖	‖	4
2	‖	1	3
3	‖	2	2
4	‖	3	1
5	‖	4	‖
6	‖	4	4
7	‖	5	3
8	‖	6	2
9	‖	7	1
10	‖	8	‖
20	‖	16	‖
30	1	4	‖
40	1	12	‖
50	2	‖	‖
60	2	8	‖
70	2	16	‖
80	3	4	‖
90	3	12	‖
100	4		
200	8		
300	12		
400	16		
500	20		
1000	40		
5000	200		
10000	400		

OBLIGATIONS REDUITES

A 3 pour cent.				A 2 pour cent.			
	#	s	c		#	s	c
1 liv.			3	1 liv.			2
2		1	1	2			4
3		1	4	3		1	1
4		2	2	4		1	3
5		3		5		2	
6		3	3	6		2	2
7		4	1	7		2	4
8		4	4	8		3	1
9		5	2	9		3	3
10		6		10		4	
20		12		20		8	
30		18		30		12	
40	1	4		40		16	
50	1	10		50	1		
60	1	16		60	1	4	
70	2	2		70	1	8	
80	2	8		80	1	12	
90	2	14		90	1	16	
100	3			100	2		
200	6			200	4		
300	9			300	6		
400	12			400	8		
500	15			500	10		
1000	30			1000	20		
5000	150			5000	100		
10000	300			10000	200